주시자, 관자재보살로 사는 법

반 야 심 경 과   해 탈 열 반 시

주시자,
관자재보살로 사는 법

동암스님 지음

비움과소통

마하반야바라밀다심경
摩訶般若波羅蜜多心經

관자재보살 행심반야바라밀다시 조견오온개공 도
觀自在菩薩 行深般若波羅蜜多時 照見五蘊皆空 度
일체고액 사리자 색불이공 공불이색 색즉시공 공
一切苦厄 舍利子 色不異空 空不異色 色卽是空 空
즉시색 수상행식 역부여시 사리자 시제법공상 불
卽是色 受想行識 亦復如是 舍利子 是諸法空相 不
생불멸 불구부정 부증불감 시고 공중무색 무수상
生不滅 不垢不淨 不增不減 是故 空中無色 無受想
행식 무안이비설신의 무색성향미촉법 무안계내지
行識 無眼耳鼻舌身意 無色聲香味觸法 無眼界乃至
무의식계 무무명 역무무명진 내지 무노사 역무노
無意識界 無無明 亦無無明盡 乃至 無老死 亦無老
사진 무고집멸도 무지역무득 이무소득고보리살타
死盡 無苦集滅道 無智亦無得 以無所得故菩提薩埵

의반야바라밀다고 심무가애 무가애고 무유공포원
依般若波羅蜜多故 心無罣碍 無罣碍故 無有恐怖遠
리전도몽상 구경열반 삼세제불 의반야바라밀다고
離顚倒夢想 究竟涅槃 三世諸佛 依般若波羅蜜多故
득아뇩다라삼먁삼보리 고지 반야바라밀다 시대신
得阿耨多羅三藐三菩提 故知 般若波羅蜜多 是大神
주 시대명주 시무상주 시무등등주 능제일체고 진
呪 是大明呪 是無上呪 是無等等呪 能除一切苦 眞
실불허 고설 반야바라밀다주 즉설주왈
實不虛 故說 般若波羅蜜多呪 卽說呪曰
"아제아제 바라아제 바라승아제 모지 사바하"(3번)
揭締 揭締 婆羅揭締 婆羅僧揭締 菩提 娑婆訶

인생 성공의 길
우리말 반야심경

스스로 보는 자와 보는 과정을 지켜봄으로

나 없음, 시간 공간 없는 '마음 없음'(무심, 삼매 무아) 지켜봄 속에서 깊은 기쁨이 충만하고

마음 없음의 지켜보는 눈으로 자신의 몸과 마음을 관찰하여 보니

오색의 빛과 색 같이 없는 듯 있는 것을 바르게 보고 마음의 동일시에서 벗어났다.

그대여,

빛과 색이 마음 없음과 다르지 않고, 마음 없음과 빛과 색이 다르지 않으며, 빛과 오색이 곧 마음 없음과 같다.

마음 없음 지켜봄이 빛과 색상이니, 빛과 오색같이 생로병사 속에서 보고 익힌 것을 근본으로 생각하여 동작으로 행하는 과정과 결과를 스스로 이해하는 것도 빛과 색상, 마음 없음과 같이 다르지 않다.

그대여,

위의 마음 없음 지켜봄은 만들어 지거나 태어나지도 않으며, 없어지거나 죽지도 않으며, 커지거나 작아지는 변화도 없다. 더럽거나 깨끗하지도 않다.

그런 연고로 빛과 어둠이 있는 마음 없음 지켜봄 속내에는 빛도 어둠도 없다.

마음 없음 지켜봄 속에는 오색과 빛도 없고 눈, 귀, 코, 혀, 몸 의미 의식이 없기에 빛 소리 냄새 맛 촉감도 없다.

눈이 없기에 눈으로 보는 대상이 없고 보이는 대상이 없기에 색, 수, 상, 행, 식이 없으므로 의미 의식을 인식하는 것도 없다.

그러므로 깨닫지 못하고 나고 죽는 이치를 모르는 것이 없으므로 깨닫지 못함도 없다.

나고 늙고 죽음도 없다. 또한 나고 늙고 죽음을 초월하는 것도 없다.

고통과 집착을 없애는 것도 없다. 이해와 오해도 얻음도 없다.

그러므로 아누다라삼막삼보리를 얻고자 하는 자와 얻은 자는 위의 내용을 항상 자신의 입은 옷처럼 의지하면 의식 속, 보이지 않는 무의식의 그물에 걸려 막히고 방해되는 것이 없어 공포와 두려움이 사라지고, 고통의 그물에 걸려 도깨비 같이 날뛰고 거꾸로 매달려 허둥대며 꿈을 꾸고 있는 것 같은 마음의 동일시가 사라져,

맑고 밝은 보는 자로 자신의 존재와 삶과 죽음의 탐구를 완전히 끝내고 환희 속에서 마음 없음 지켜봄으로 영원세계를 성취하였다.

과거 현재 미래에 스스로 자신을 보고 알고자 하는 모든 사람은 이 마음 없음 지켜봄을 길 가는 이정표로 몸에 입은 옷처럼 하라, 그리하면 성취하리라.

밤하늘의 무수한 별처럼 보이지 않는 욕망의 그물에 걸려 수풀이 무성한 깊고 어두운 밤에 홀로 벌거벗은 나신으로 버려진 가운데 도깨비, 뱀, 호랑이, 지네가 나를 잡아먹고자 바로 앞에 있는 것과 같은 삶과 죽음의 공포 두려움의 고통에서 벗어나 영원세계를 얻게 되리라.

그러므로 바르게 보고 알라. 지켜봄 마음 없음은 참으로 허망하지 않고 한 순간에 모든 망상, 공포, 두려움, 고통, 괴로움을 사라지게 하여 진실하다.

그런 연고로 영원세계에 들면 위의 내용은 가장 큰 신비로 영롱한 축원 축복이며, 가장 크고 밝은 축원 축복이며, 더 이상 오를 수 없는 궁극의 축원 축복이다.

소유하고 있는 모든 괴로움 고통 모두 소멸되나니 허망하지 않고 오직 진실하다.

그런 연고로 축원 축복을 말하여 주리다.

갔다, 갔다, 아주 갔다, 무심으로 마음의 동일시에서 완전히 벗어났다.

영원을 성취하였다. 사바하!

머리말

나를 보고 아는 길, 마하반야바라밀다심경

스승 붓다님께 귀의 합니다.

몸과 혼을 다해 합장으로 엎드려 절 드립니다.

이 글을 쓸 수 있고, 쓰게 하여 주신 모든 인연들에도 엎드려 절 드립니다.

한자로 제목은 10자요, 본문은 260자로 기록되어 있는 마하반야바라밀다심경을 이렇게 글로 그려 봅니다. 본문 단어 하나하나에 들어가기 전, 전체를 살펴보고 난 뒤에 본문 한 문장, 한 글자를 살펴보도록 하겠습니다.

많은 사람들 기억 속에 반야심경이라 불리는 이 기록물은 인류 역사에 전무후무한 것이고 또한 이 보다 더 높고 완벽한 기록물은 없을 것입니다.

반야심경 전체의 내용은 과연 무엇이며 이 글을 읽고 어떻게 이해하였으며 이해 체득한 사람은 무엇을 얻고 어떻게 변할 것인가? 또한 무엇에 대한 기록물인 것인가?

먼저 이 글을 이해 체득한 사람은 두려움, 공포가 없어지고 마음의 고통이 사라지며 개인 스스로의 생로병사와 삶, 죽음을 보고 이해하게 될 것입니다.

본문 260자 전체 내용은 오직 개인 내면, 마음과 그 마음을 '보는 자'에 대하여 사리자라는 제자를 대상으로 설법을 하지만 과거 현재 미래의 모든 사람들에게 보는 자와 대상에 대한 설법인 것입니다.

또한 이 기록물은 총 270자로 기록되어 있지만 붓다님 가르침의 모든 것, 즉 팔만대장경 40여년의 설법 모두가 압축된 기록물인 것입니다. 여기 270자 내용을 이해 체득한다면 굳이 다른 경전을 보지 않아도 스스로 모두 볼 수 있는 눈을 열 수 있을 것입니다.

마하반야바라밀다심경, 이 문구는 제목으로 쓰여지고 있으나 원래는 제목이 없는 글이었습니다. 원래 제목 없는 글을 누구인지 모르는 사람이 제목을 붙인 것입니다.

스승 붓다님이 붙인 것이 아닙니다. 이 문헌을 기록하는 기록자가 자의적으로 붙인 제목으로, 그 뜻은 본문을 이해하여야 제목이 갖고 있는 문자 너머의 의미를 보고 이해할 수 있을 것입니다. 그러므로 본문의 내용을 먼저 설명하고 난 다음에 제목을 살펴보겠습니다.

본문의 내용은 언제 어디서 누가 기록하였는지 모르는 기록물이나 스승 붓다의 육언, 입에서 흘러나온 내용 실체인 것만은 틀림없습니다. 보고 알지 못한 사람은 그런 표현, 말을 할 수 없습니다.

그럼 스승 붓다님의 40여년 가르침의 내용 모두를 담고 있고 팔만대장경 내용을 모두 담고 있다는 이것을 어떻게 증명할 것인가? 앞으로 본문을 설명하고 이해하게 되면 위의 내용이 사실이라는 것이 보일 것입니다.

본문에 들어가기 전에 '말하는 자'는 누구이며, 그 말을 '듣는 자'는 누구인지 관찰하고 본문에 들어가야 올바른 이해를 할 수 있을 것입니다. 본문에서 말하는 자는 부처님, 즉 붓다 석가모니이신데 부처님에 대한 올바른 이해를 하여야 합니다.

말하는 자, 붓다에 대한 완전한 이해는 스스로 붓다가 되지 않는 한 생각, 논리, 사상으로 하는 이해는 오해에 불과할 것입니다. 그럼 어떻게 붓다에 대한 이해를 할 것인가?

육신을 지닌 붓다는 2550여 년 전에 살았던 사람인데, 어떻게 보고 이해할 것인가?

여러 방법이 있을 수 있겠지만 저는 이 방법을 권합니다.

금강반야바라밀경을 탐독한다면 스승 붓다님을 이해할 수 있을 것입니다. 한 예로 금강경 중에 이런 부분이 나옵니다.

제 5분 '여리실견(如理實見)'에서 스승 부처님이 제자 수보리에게 질문을 합니다.

須菩提 於意云何 可以身相 見如來不 不也 世尊 不可以身相
수보리 어의운하 가이신상 견여래부 불야 세존 불가이신상

"수보리야 이 내 몸, 육신이 부처인가?"
수보리의 답변은 스승 육신을 부처로 보지 않습니다, 스승 부처님이 말씀하신 그 육신은
몸 아닌 몸, 즉비신상(卽非身相)입니다.
스승 부처님께서 제자 수보리의 답변을 듣고 다시 알려 줍니다.

佛告 須菩提 凡所有相 皆是虛妄 若見諸相非相 卽見如來
불고 수보리 범소유상 개시허망 약견제상비상 즉견여래

나를 있는 그대로, 진신을 볼려면 이렇게 보아야 한다. 너의 육안과 마음으로 보고 아는 그 모든 것이 오해이고 잘못 보는 것이며, 너의 육안의 눈과 마음으로 보는 것이 몸 아닌 몸, 나 아닌 나라고 본다면 곧 나를 바르게 볼 수 있을 것이다.
이렇게 스승 부처님이 제자 수보리에게 부처인 스승을 어떻게 보는가?
보는 방법과 보고난 후를 설명하여 주고 있습니다. 위의 문장에서

보듯 붓다, 부처라는 실존을 보통사람들이 이해한다는 것은 불가능일 수도 있습니다.

　이 반야심경을 구술 설명하는 자, 붓다를 완전히 보고 이해한다는 것은, 또한 이 말을 듣고 보는 제자 사리자를 완전히 이해한다는 것은 보통사람들에게는 불가능일 것입니다.

　말하는 자, 부처를 이해하는 방법으로는 금강반야바라밀경을 보고 이해하면 '말하는 자' 부처를 이해할 수 있을 것입니다. 금강경을 보고 이해하지 못한 상태에서는 반야심경을 문자로 읽고 생각으로 논리적으로 이해했다고 할 수는 있으나 진정한 올바른 이해는 될 수 없을 것입니다. 또한 금강경을 본다고 할지라도 그 내용 또한 먼 과거에 사용되던 문자 언어로 기록되어 현대인들이 읽어도 이해 불가능이며 또한 많은 번역 주석서들이 있지만 오역으로 인하여 문자를 통한 금강경 이해는 난망입니다.

　그리하여 이 글을 쓰는 본인이 번역 해석한 금강경을 정독한다면 여기 반야심경 내용을 구술하는 '부처'라는 실존에 대하여 있는 그대로 보고 아는데 도움이 될 것입니다.

　스승 부처님이 반야심경을 말씀하실 때 누구에게 왜 그런 설법을 하였는지 관찰 이해하여야 반야심경 본문의 내용을 이해 체득할 수 있을 것입니다.

　먼저 설법을 들려주는 자는 사리자(사리푸트라)로 이 사람에 대하여 올바른 관찰 이해를 하여야 할 것입니다. 반야심경 내용도 중요하지만 사리자라는 제자를 이해하는 것이 본문의 내용을 이해하는데 기초가 됩니다.

사리자(사리푸트라), 여기 반야심경에서 사리자라고 기록된 제자의 인도식 발음은 사리푸트라였습니다. 그것을 중국에서 음역과 의역을 동시에 행한 이름이 사리자이며, 이 사리자라는 제자는 다른 어떤 제자와 비교하여 볼 때 특이한 제자였습니다. 다른 많은 제자들은 스승 붓다에게 배우고 수행하기 위한 목적으로 스승을 찾아 왔지만 사리자, 이 제자는 스승 부처님과 싸워, 겨뤄서 이기기 위하여 스승 부처를 찾아온 사람이었으며 이런 사람이 스승 부처님과 싸우지도 겨루지도 않고 스스로 굴복하여 제자로 입문 후, 많은 시간이 지난 뒤에 들려주는 내용이 바로 반야심경입니다.

스승 부처님이 육신을 가지고 살아계실 그 당시, 인도라는 나라에서는 이런 문화가 있었습니다. 많은 관중이 참석한 가운데 진리에 대하여 공개 토론을 통한 승자와 패자를 나누는 그런 전통이 있었던 것입니다. 사리자는 벌써 오천 여명이나 되는 제자를 거느리고 제왕처럼 행세하며 인도 전역을 순례하면서 논쟁에서 항상 승리하였던 스승이며 학자였습니다. 아마 현 시대 같으면 노벨상 수상자, 또는 많은 학위를 가지고 있으며 세계적인 명성을 얻고 있는 유명 대학의 저명한 교수 같은 신분으로 보면 유사할 것입니다. 그런 그가 마지막 논쟁의 대상으로 삼았던 사람이 바로 스승 부처였습니다. 그리하여 오천 여명이나 되는, 자신을 따르는 제자들을 거느리고 군사를 이끌고 전쟁터로 나가는 장군처럼 스승 부처님과의 논쟁을 통하여 승리하고자 부처님 앞에 다가섰을 때, 스승 부처님은 사리자와 그 추종자 무리들을 보고 웃음을 터트렸습니다.

아울러 스승 부처님은 사리자를 관(觀)하여 보고 사리자를 향하여 말씀하셨습니다.

"사리자여! 그대는 많은 것을 보고 알고 방대한 지식이 있지만 사리자 그대 자신에 대하여서는 아무것도 보고 알지 못하며, 스스로 자신에 대하여는 공허하다는 것을 나는 그대로 본다. 사리자여! 그대는 나와 싸워서 이기고자 저 많은 추종자를 거느리고 왔다. 좋다, 그대가 나와의 논쟁 싸움을 원한다면 그대의 논쟁 요구에 응하여 주리라, 단 하나의 조건이 있다.

사리자여! 그대가 나와 진실로 논쟁하고 싶다면 나와 함께 이곳에서 1년을 보낸 뒤에 논쟁할 수 있을 것이다."

이 말을 듣고 사리자는 스승 부처님께 이렇게 말하였습니다.

"왜 1년을 기다려야 합니까?"

"그대는 1년 동안 아무 말도 하지 않고 침묵을 지켜야 한다, 그것이 나와 논쟁하기 위한 통과 조건이다. 사리자 그대는 1년 동안 침묵을 지킨 뒤에야 나와 논쟁할 수 있다, 왜냐하면 나는 무심에서 나온 말들을 그대에게 전할 것이기 때문이다. 사리자 그대는 나와 논쟁하기 전에 무심(마음 없음)에 대하여 조금이라도 경험할 필요가 있다. 사리자여 내가 지금 관(觀)하여 보니 사리자 그대는 단 한순간도 무심(삼매 무아)을 경험하지 못하였다. 그대는 항상 온 몸, 머리에 온갖 잡다한 지식과 잡념으로 가득 차 넘치고 있다. 그대의 몸, 머리는 너무 크고 무거워 견디기도 어렵다. 사리자여 나는 그대에게 애틋한 연민을 느낀다. 그대는 여러 생(윤회) 동안 너무 무거운 짐을 지고 집착하며 살아 왔다. 그대는 이번 생뿐만 아니라 여러 생 동안 브라만(힌두교 성자)이었으며 그대는 베다(힌두교 경전)와 갖가지 경전에 묻혀 살아 왔다. 이것이 그대가 이번 생뿐만 아니라 여러 생 동안의 방식이었다. 그러나 나는 그대에게서 가능성을 본다. 그대는 지식으로 가득 차 있지만 가능성은 있다, 아직 지식이 그대의 존재를 완전히 가로 막지는 못했다.

아직 몇 개의 문이 남아 있다, 그러므로 나는 일 년 동안 그 문을 열고자 한다. 그 때 비로소 우리가 깊은 곳에서 만나 논쟁이 아니라 상통하는 대화의 가능성이 생겨 날 것이다.

사리자여, 1년 동안 여기서 머물도록 하라."

참으로 이상한 일이었습니다. 사리자는 인도 전역을 순례하며 논쟁을 벌이고 있었고, 이것이 당시 그 사회의 전통 풍조였습니다. 박식한 사람들은 나라 전역을 여행하며 대규모로 장기적인 토론 논쟁을 벌이곤 하였던 것입니다.

만일 어떤 사람이 모든 상대를 꺾고 전국적인 승리를 하면 그것은 커다란 에고의 만족을 가져다주며 그는 왕이나 황제보다 더 위대한 인물로 존경 받았으며, 그 어떤 부호보다도 더 위대한 거물로 인정받았습니다.

사리자 또한 그렇게 전국을 떠돌며 많은 상대를 꺾고 승리를 거두었으나 부처님을 꺾지 않고는 최후의 승자가 될 수 없다는 것을 잘 알고 있었습니다. 사리자는 이런 목적으로 오천 여명이나 되는 추종자를 거느리고 부처님을 이기고자 찾아 간 것이었습니다.

참으로 이상하리만치 사리자는 그런 목적을 가지고 갔으면서도 부처님의 제의에 따르기로 합니다.

"좋습니다, 제가 1년 동안 여기서 머물며 기다려야 한다면 그렇게 하겠습니다."

그리고 사리자는 부처님 곁에 머물며 1년 동안 부처님과 아무 대화도 나누지 않고 주변을 맴돌며 부처님의 설법을 먼발치에서 듣고 지켜보았습니다. 그러는 사이에 자신도 모르게 무심을 일별하고 서서히 침묵이 뿌리내리기 시작했습니다.

1년이 되던 날, 부처님이 사리자에게 말씀하셨습니다.

"사리자여! 이제 우리가 논쟁할 때가 왔다, 나는 그대에게 패한다 하더라도 말할 수 없이 기쁠 것이다."

그러자 사리자는 조용한 미소를 지으며 부처님 앞에 엎드려 경배를 드리며 말하였습니다.

"부디 저를 제자로 받아들여 주십시오. 지난 1년 동안 침묵을 지키며 당신의 말씀을 듣는 동안 몇 차례나 저에게는 섬광 같은 각성이 일어났습니다. 애초에 저는 당신과 싸워 이기고자 왔지만 어차피 1년 동안 여기에 있을 것이라면 당신이 무슨 말을 하는지 들어나 보자, 손해 볼 일은 아니니까 하는 생각이 들었습니다. 그래서 저는 호기심을 가지고 당신의 말을 듣기 시작했습니다. 그러는 동안 몇 번인가 당신은 저의 내면을 뚫고 들어왔습니다. 당신은 저의 가슴을 흥건히 적셔 주었으며, 저의 내면에 있는 눈을 열게 하여 주었습니다. 그리고 저는 그 눈으로 보았습니다. 당신께서는 저를 패배시키지 않고도 저를 이기셨습니다."

사리자는 부처님의 제자로 귀의했고 그의 추종자 5천 여명도 함께 부처님의 제자가 되었습니다. 사리자는 그 당시 인도에서 가장 명성이 높은 힌두교 신자이며 힌두교 경전인 베다에 대하여 많은 지식을 지닌 힌두교인으로 부처님에게 이렇게 다가왔던 것입니다. 그리고 그렇게 불교로 개종한 그런 사람이 부처님 제자로 입문 후 몇 년이란 수행기간이 지난 뒤, 그런 제자에게 밀어적인 속삭임 속에서 설명 되어지는 것이 바로 반야바라밀다 입니다. 이런 연유로 '말하는 자'와 '듣는 자'를 깊이 이해하고 본문을 보아야 이해가 될 것입니다.

이 글을 보는 그대는 과연 얼마나 깊은 안목 통찰력을 지니고 있는지 스스로 관찰하고 이 경전을 탐구한다면, 이 기록물이 그대의 혜안을 열어주는 열쇠 같은 중요한 가르침이며, 스승 부처님이 사리자가 아니라 그대에게 주는 스승 부처님의 가피요, 큰 선물이 될 것입니다.

또한 본문 설명에 들어가기 전에 이해되어야 할 것은 이 기록물이 인도 언어와 한문 혼용으로 기록되었다는 것을 이해하여야 하며, 인도어는 소리글자이고 한문은 뜻글자라는 사실을 보아야 합니다. 우리는 인도 고어를 배운 적이 없습니다. 한문도 뜻글자이긴 하지만 시간 공간 속에서 그 의미가 변질됩니다. 여기 한자 270자는 지금부터 약 2천 여 년 전에 중국에서 인도어를 한문으로 번역 기록한 것을 우리 한반도에서 그대로 가지고 들여와 읽고 보고 하였던 것입니다. 그러니 여기 한자 이 기록물 단어 문장 속에 내재되어 있는 의미 실체를 과거 스승 부처님이 의도하였던 그대로 이해한다는 것은 참으로 난해한 일일 것입니다.

아마도 현 한국사회에서 고등교육을 받은 지식인 그 누구도 이 기록물을 읽어 보아 스승 부처님의 의미하였던 실체를 그대로 이해하는 사람이 거의 없을 것입니다. 문자는 남아 있으되 문자 넘어 의미 실체가 사라진 그림 속의 떡 같은 기록물이라 볼 수 있을 것입니다.

한국 불교 속에서 이 기록물이 차지하는 비중은 근본이며 핵심적인 형상으로 되어 있습니다. 불자, 불교의 종교인이면 누구나 암송 기억하는 그런 기록물입니다. 한국의 민요 아리랑이나 애국가 같이 불자면 의무 내지 관습처럼 암기하여 노래처럼 되어버린 것이 한국 불교 속의 반야심경입니다. 이런 현상을 넘어 사문화된 반야심경 속의 스승 부처님 말씀의 의미가 다시 살아나 많은 사람들에게 스며들고 전달되어지길 바라면서 이 글을 씁니다.

동해 명상사에서
동암 합장

추천의 글

'자아'의 두꺼운 껍질 뚫고 관찰자 · 순수의식 발견하는 길

반야심경은 부처님의 가르침, 불교의 핵심적인 가르침을 담은, 궁극적인 깨달음의 진수라 할 수 있다. 나는 오랜 세월 이런 궁극적인 가르침을 찾아 오늘에 이르렀다. 모태신앙인 기독교에서 시작, 대학 시절 이후 아마추어지만 진지한 기독교 신학적인 탐색의 시간을 가져왔다. 정신과 의사로 근 삼십 여년 한국과 미국에서 수련과 의사로서의 생활을 하는 중에 여러 인간들이 가진 문제들을 보고 들으며 지내왔고, 또 한편으론 인간을 설명하는 여러 정신의학적, 심리적 이론 및 모델들을 접하며 듣고 배우는 과정을 거쳐왔다.

그러나 마음속에는 계속 궁극적인 진리에 대한 목마름이 있어, 불교에 제대로 연이 닿게 되어 공부하는 중에 반야심경 공부, 특히 이 책의 저자이신 동암 스님께 직접 강의를 듣는 귀한 시간을 갖게 되었다. 때마침 스님의 대중을 위한 반야심경 해설서의 출간 계획에 맞춰 추천의 글을 쓰는 영광을 얻게 되었다.

아직 일천한 지식이지만, 내가 보기에 불교는 궁극적인 깨달음을 얻기 위해 글로도 배우고 또 직접 참선에 의해 궁극적인 진리를 몸소 체득하는 과정을 확립해 놓고 있다. 교(敎) 전통의 글로 가르치는 것은 달을 보라고 그 방향을 가리키는 손가락 같은 기능을 한다면, 선(禪) 전통의 직접 체험의 길은 달을 바라보는 그 자체라고 보겠다. 여기서 반야심경은 가장 간결하게 달을 가리키는 손가락인 셈이다.

그 달이란 우리가 '나'라고 생각하는 '자아'의 두꺼운 껍질을 넘어 관찰자, 순수의식으로 말해지는 우리의 바탕을 우리 속에서 발견하는 그런 것을 말한다. 힌두교에서 말하는 아트만, 융 심리학에서 말하는 셀프, 불성, 순수 의식… 다 하나의 달을 가리킨다고 여겨진다. 그것을 체득하기 위해서는 우리가 오온(五蘊)이라는, 자아를 이루는 것들의 두꺼운 껍질을 뚫어 보고 그 바탕에 있는 관찰자의 상태를 우리 속에서 확인하는 마음수련의 과정이 필요하다. 그 관찰자는 온 우주의 바탕인 우주의식과 같다는 것이 불교적인 직관일 것이다.

이 책은 동암 스님의 반야심경과 한국 고승 휴정 서산대사님의 글을 비교·해석하여 또 다른 이해를 이끌어 주는 참으로 좋은 안내서 같다. 스님의 혜안을 간접적으로 이해하는데 많은 도움을 주는 계기가 되었다. 많은 사람들이 스님의 글과 인연되어 자신의 내면 탐구에 도움이 되었으면 하는 마음으로 삼가 제가 스님의 글을 추천합니다.

인생을 살면서 이런 스승, 붓다님의 가르침을 접할 수 있다는 인연은 아주 귀한 것임을 알고, 이제 우리 같이 반야심경의 이해를 위해 친절한 안내자이신 동암 스님과 함께 배움의 여행을 떠나봅시다.
　합장

2013년 7월 7일 동해 동인병원 진료실에서

정신과 전문의 김자성

정신과 전문의 김자성 서울대 의대 졸. 미국 스텐포드대 졸업, 정신과 박사. 미국에서 16년간 정신과 의사로 재직함.

추천의 글

수행과 관찰을 통해 진실에 근접한
리얼리티를 풀어놓다

'마하반야바라밀경다심경'은 축약된 언어로 마음 너머의 세계를 탐구할 수 있는 나침반과 같은 경전이다. 분량이 적어서 불자라면 누구나 외우고 알지만 그 의미를 꿰뚫기는 쉽지 않다.

인연법에 따라 만난 이 책의 저자, 동암 스님을 통해 이 글의 강의를 듣게 된 것은 나에겐 행운이었다. 대부분의 해설서와 달리 동암 스님은 당신의 수행과 관찰을 통해 진실에 근접한 리얼리티를 풀어놓았다. 그는 열정적인 탐구, 섬세한 관찰, 릴렉스한 사색 그 자체이다. 곁에 있으면 그 열정적인 에너지 장에 빠져들어 누구나 어느새 관찰자가 되고 사색가가 되고 명상가가 된다.

이 책은 앞부분은 '반야심경'의 해설이, 후반부에는 휴정 스님의 '해탈열반시'의 해설이 수록되어있다. '해탈열반시'는 대중들에게 잘 알려지지 않은 짧은 글귀이다. 동암 스님의 소개글처럼 선지식의 도움이 아니었으면 빛을 보지 못했을 보석 같은 글이 아닐 수 없다.

'해탈열반시'는 '반야심경'이 더욱 축약된 형태로 느껴진다. 그러나 두 글은 같은 구조인 듯 하면서도 미묘한 차이가 있다. 사용된 한자가 다르기도 하지만 '해탈열반시'를 보노라면 '반야심경'에도 일부 군더더기가 남아있는 느낌이다.

깔끔하게 축약된 글 속에 휴정 선사의 생을 들여다본다. 진리 앞에서 어떤 꾸밈이나 타협 없이 여여(如如)히 나아갔을 법한 그의 수행자로서의 삶과 통찰이 녹아들어 있는 듯하다. '반야심경'과 '해탈열반시', 이 두 글을 비교해가며 읽어 볼 수 있는 것도 이 책이 갖고 있는 묘미일 것이다.

성불을 위해 참조할 수 있는 리얼리티들이 우리에게는 넘쳐난다. 자신의 삶을 통해 의도되지 않은, 긴장하지 않은(relaxed) 주시(注視)와 관찰만이 최고의 방법일 것이다. 탐구자는 그 여정을 멈출 수 없다.

지면이라는 제약에도 불구하고 동암 스님이 해설한 이 책은 자기 내면 탐구에 목말라하는 이에게 한 사발의 냉수가 될 것입니다. 책과 함께하는 동안 그 시원함을 넉넉히 맛보고 즐기시기 바랍니다. 그리고 또한, 인연을 따라 이 책을 만난 독자들이 첫 만남에 맛 본 그 시원함을 자신뿐만 아니라 많은 목 마른 이들과 함께 나누게 되기를 바란다.

2013년 7월 7일

삼척문화방송 아나운서 김상호

목 차

마하반야바라밀다심경(摩訶般若波羅蜜多心經) _4

인생 성공의 길(우리말 반야심경) _7

머리말 나를 보고 아는 길, 반야심경 _10

추천의 글 '자아'의 두꺼운 껍질 뚫고 관찰자·순수의식 발견하는 길 _22

수행과 관찰을 통해 진실에 근접한 리얼리티를 풀어놓다 _25

제1부 / 반야심경 해설

관자재보살 행심 반야 바라밀다 시 _35

관자재보살이란 누구이며 무엇인가? _37

관자재와 관세음 _41

그림의 창조자와 그림을 보는 자는 무엇인가? _48

법신(法身)이란 _55

관(觀)이란 _57

견(見)이란 _60

行深 般若 波羅蜜多時(행심 반야 바라밀다시) _68

行深(행심) _71

般若 波羅蜜多時(반야 바라밀다시) _74

바라밀다(Paramita, 波羅蜜多) _78

五蘊皆空度(오온개공도) _85

一切苦厄(일체고액) _87

색불이공 공불이색 색즉시공 공즉시색 _91

色不異空(색불이공) _93

五蘊(오온) _97

사리자 시제법공상 불생불멸 불구부정 부증불감 _103

공중무색 무수상행식 무안이비설신의 무색성향미촉법 무안계 _106

無眼界(무안계) _108

心無罣碍 無罣碍故(심무가애 무가애고) _113

阿耨多羅三藐三菩提(아누다라삼막삼보리) _116

시대신주 시대명주 시무상주 시무등등주 _119

能除一切苦(능제일체고) _122

아제아제바라아제 바라승아제 모지 사바하 _125

마하반야바라밀다심경 한자 공부 _127

제2부 / 해탈열반시 해설

解脫 涅槃時(해탈 열반시) _149

모든 고통 벗어나 영원한 기쁨에 드는 길 _151

해탈열반시와의 인연 _155

서산대사 행장 _158

解脫涅槃時(해탈열반시)란 의미는 _ 167

凡人 人命終時(범인 인명종시) _ 173

但觀 五蘊皆空(단관 오온개공) _ 177

但觀五蘊皆空 四大無我(단관오온개공 사대무아) _ 181

四大無我 眞心無相 不去不來(사대무아 진심무상 불거불래) _ 186

생시성역불생 사시성역불거 담연원적 심경일여 _ 189

但能如是 直下頓了(단능여시 직하돈료) _ 192

不爲三世所拘繫 便是出世自由人也 _ 195

然則平常 是因 臨終 是果 須着眼看 _ 198

但自無心 須着眼看(단자무심 수착안간) _ 204

추기(追記) '에고'와의 동일시에서 벗어나는 내면 탐구의 길 _ 206

제1부

반야심경 해설

관자재보살 행심 반야 바라밀다 시 관자재보살이란 누구이며 무엇인가? 관자재와 관세음 그림의 창조자와 그림을 보는 자는 무엇인가? 법신(法身)이란 관(觀)이란 견(見)이란 行深 般若 波羅蜜多時(행심 반야 바라밀다시) 行深(행심) 般若 波羅蜜多時(반야 바라밀다시) 바라밀다(Paramita, 波羅蜜多) 照見(조견) 五蘊皆空度(오온개공도) 一切苦厄(일체고액) 색불이공 공불이색 색즉시공 공즉시색 色不異空(색불이공) 五蘊(오온) 사리자 시제법공상 불생불멸 불구부정 부증불감 공중무색 무수상행식 무안이비설신의 무색성향미촉법 무안계 無眼界(무안계) 心無罣碍 無罣碍故(심무가애 무가애고) 阿耨多羅三藐三菩提(아누다라삼막삼보리) 시대신주 시대명주 시무상주 시무등등주 能除一切苦(능제일체고) 아제아제바라아제 바라승아제 모지 사바하 마하반야바라밀다심경 한자 공부

觀自在菩薩 行深 般若 波羅蜜多 時
관자재보살 행심 반야 바라밀다 시

이것이 반야심경 본문의 첫 문장인데 간단하게는 이러한 의미로 비유됩니다.

누가 무엇을 어떻게 하고 있을 때, 그 순간에 라는 의미로 비유하여 볼 수 있습니다.

여기서 '누구'란 관자재보살로 볼 수 있습니다. 그렇다면

- 관자재보살이란 '누구이며 무엇인가?'
- 무엇이란 '바라밀다'
- 어떻게는 '반야'
- 하고 있는 '행심'
- 순간, '때 시'라고 볼 수 있을 것입니다.

불교의 많은 경전은 제자들 질문에 답하거나 아니면 스승 부처님

이 제자들에게 질문 답변 형식으로 대부분 기록되어 있습니다. 하지만 여기 반야심경은 사리자라는 제자가 질문하는 것도 아니고, 또한 스승 부처님이 사리자에게 질문하는 것도 아닌 이상한 형식으로 기록된 기록물입니다. 반야심경 전체 내용을 이해하면 왜 이런 형식으로 기록되었는지 보일 것입니다. 이 기록물의 내용 흐름은 스승 부처님과 사리자 단둘이서만 밀어(蜜語) 즉 달콤한 속삭임 같은 형식으로 흘러갑니다. 스승 부처님의 엄한 지식 전달도 아니고 제자가 알고 싶어 하는 욕망의 질문에 답하는 것도 아니며, 스승 부처님의 제자 사랑으로 은밀히 속삭이는 자비의 나눔 같은 형식으로 흘러갑니다. 제자 사리자가 이해하든 못하든 상관없이 사랑의 노래처럼 들려주고 있는 것입니다.

  제자 사리자도 의문의 질문은 하지 않고 그렇다고 의심도 하지 않는 그런 상태에서 스승 부처님이 제자에게 통고, 고지, 전달 같은 형식이 아니라 하늘의 태양 같고 내리는 빗물처럼 비추어주고 적셔주는 자비의 법 비를 내려주는 것입니다.

관자재보살이란 누구이며 무엇인가?

　관자재보살, 이 다섯 글자가 반야심경의 핵심이며 이 관자재보살이란 문자 기호 너머의 의미 실체를 이해한다면 뒷부분 기록 내용은 저절로 이해되고 보여지며 전체를 얻게 될 것입니다. 그럼 관자재보살이란 이 다섯 글자 너머의 의미 실체는 진정 어떠한 무엇인가?

　글과 문자 생각으로 표현·설명하기 어려운 미묘한 실체입니다. 석가모니 부처님 평생 많은 제자와 사람들에게 가르치고 설명하였던 핵심적인 것이 바로 관자재보살인 것입니다.

　그럼 관자재보살이란 어떠한 무엇인가?
　과거를 거슬러 여러 방향에서 관찰하여 볼 것입니다.
　관자재보살, 이 단어 문자는 인도의 부처님이 발견한 것을 중국에서 한문으로 번역 기록했다는 사실입니다. 그럼 인도의 부처님이 사용하고 입에서 나온 언어 문자는 무엇이었는가?

　인도 산스크리트어로 아발로키테스바라(avalokitesvara) 보디사트바(bodhisattva)인데, 이것을 한자로 번역한 것이 관자재보살이다.

　그럼 인도어 아발로키테스바라 보디사트바, 이 언어 속 의미 실체는 무엇인가? 어떠한 것인데 중국에서 관자재보살이라 번역 기록하였을까? 중국의 번역자들은 산스크리트어를 올바르게 이해하고 번역하였을까? 뜻글자인 한자를 사용하던 사람들이 소리글자인 인도어 언어 속 의미 실체를 어떻게 이해 체득하였을까? 이 부분을 잘 관찰해보면 한자 관자재보살과 인도어 아발로키테스바라 보디사트바란 의미 실체를 올바르게 이해 체득할 수 있을 것입니다.

　인도어 아발로키테스바라 보디사트바, 이 문장 속 의미를 이해하는 데 비유적으로 이와 같이 볼 수 있을 것입니다. 사람 몸에 있는 눈의 역할·작용원리를 세밀하게 있는 그대로 이해하려면 눈 부분만 관찰한다면 깊고 올바른 이해를 하기 어려울 것입니다. 발끝에서부터 온몸 구석구석을 관찰하고 눈만 남겨둔다면 눈의 역할 작용 원리, 눈의 실체를 이해할 수 있을 것입니다. 이와 같이 스승 부처님 기록물 전체를 관찰하면, 즉 팔만대장경 같은 많은 기록물을 관찰하면 인도어 아발로키테스바라 보디사트바란 문자 속 의미가 무엇인지 나타나기 시작하며 확연히 보일 것입니다. 또, 한 예로 금강경이나 법화경 전체를 탐구하면 아발로키테스바라라는 인도어 의미가 저절로 보일 것입니다. 이런 이치로 중국 불경 번역자들은 새로운 문자와 단어를 창조하여 기록하였던 것입니다.

인도어 아발로키테스바라 보디사트바, 이 단어 속 의미를 중국에서 한자로 번역하는데 번역자들은 많은 애로사항을 느꼈을 것입니다. 중국 과거 역사 속에서 그런 의미 실체를 본 자나 표현한 문자 기록물이 존재한 적이 없었기에 새로운 의미에 맞는 문자와 단어를 창조하여 의미를 만들어야 하기에 번역 기록자들은 고심하였을 것입니다. 그리하여 인도어 아발로키테스바라 보디사트바란 의미를 지닌 한자 단어 즉, 관자재보살(觀自在菩薩), 관세음보살 (觀世音菩薩), 천수천안관자재보살(千手千眼觀自在菩薩), 보안보살(普眼菩薩), 관보현보살, 불타, 여래, 혜안, 지혜, 불법, 진아, 무아 등등의 많은 문자 단어를 창조하였던 것입니다.

위에 나열된 단어들은 문자는 달라도 한 실체를 표현한 단어 문자들이란 것을 이해하여야 할 것인데 관자재, 관세음, 보안장보살, 관보현보살이란 단어 너머의 의미를 바르게 이해하려면 이렇게 하면 한 방법이 될 것입니다.

관자재와 관세음

　관자재와 관세음을 이해하기 위하여서는 법화삼부경 중 묘법연화경 내의 제 25분 '관세음보살 보문품'을 정독하면 그 의미를 이해할 수 있습니다. '관세음보살 보문품'을 줄여서 관음경이라고도 합니다. 여기 관음경(필자가 한문 원본을 해석·출판한 책을 권합니다) 내용의 일부 중요한 부분을 적으면 이러합니다.

　부처님의 제자 무진의보살이이 이런 질문을 합니다.
"어떤 연유와 이치로 관세음, 관자재라 이름 합니까?"

無盡意菩薩 而作是言 世尊 觀世音(觀自在)菩薩 以何因緣 名 觀世音
무진의보살 이작시언 세존 관세음(관자재)보살 이하인연 명 관세음

佛告(불고)… 하는 질문은 여기 반야심경의 첫머리 '관자재'를 스승 부처님이 관자재란 이러하다 하고 자세히 설법하여 주고 있습니다.

천수천안관자재보살, 이 단어 속 의미는 관자재란 사람 천 개의 손과 천 개의 눈 같은 능력과 작용을 표현하는 단어이며, 원각경에 나오는 보안(普眼)보살이란 단어 속 의미는 넓게 보는 눈, 태양 같은 눈이란 의미가 들어 있습니다.

관보현보살은 넓게 나타내어 본다, 또는 시공을 초월하여 모든 것을 있는 그대로 보는 자, 본다는 의미를 포함하며 여래, 혜안, 지혜, 불법, 진아, 무아 이 단어들도 모두 본다, 보는 자라는 의미를 지니는 단어들입니다. 이렇게 여러 단어들을 비교하여 봄으로 인도어 아발로키테스바라 보디사트바를 보는 자, 보는 것, 관찰, 주시, 응시라는 포괄적인 의미를 지니고 있다는 것을 이해할 수 있을 것입니다.

또한 한국 불교 경전 천수경 내의 신묘장구대다라니 내용도 잘 관찰 이해하면 관자재를 설명하여 주는 부처님 가르침이라는 것을 이해할 수 있을 것입니다.

중국에서 창조한 관자재란 단어의 의미 생성 과정과 유사한 번역 단어들을 살펴봄으로써 관자재를 이해하는데 도움이 될 것입니다. 참고로 인도 힌두교에서는 아트만이란 단어가 있는데 불교의 관자재 아발로카테스바라와 유사한 것으로 여기에 적어 드리면 보고, 보여지고, 알려지는 자, 보고 이해하는 자, 즉 눈이란 의미를 지닌 단어인데 힌두교에서는 이 자를 참나, 진아라고 표현합니다.

관자재와 관세음은 한 실체를 다르게 표현 기록한 문자 단어인데 앞으로 두 단어 문자를 자세히 관찰할 것입니다.

우리는 새로운 사실을 보고 올바른 이해 체득도 중요하지만 오해하고 있는 부분에 대해 스스로 오해였음을 이해하는 것도 중요합니다. 제가 관찰한 바로는 많은 사람들이 자신 스스로에 대하여 많은 오해를 하면서도 그것이 올바른 이해라고 착각하며 살아가고 있음을 발견했습니다. 저 자신도 과거에는 그렇게 오해 속에서 살아 왔지만….

관자재, 관세음은 같은 실체 다른 표현이라는 것을 기억하십시오. 이 실체가 어느 곳에서 어떻게 존재하는지에 대한 설명을 앞으로 진행, 기록할 것입니다.

또한 보살(菩薩)이란 문자 단어만큼 오용, 오해된 단어도 없을 것입니다. 인도어 보디사트바를 중국에서 보살이란 문자 단어로 번역하였으며 보살, 이 단어 속 의미 실체를 가장 정확하고 올바르게 설명된 부분을 여기에 기록 합니다. 국어사전이나 어느 스승, 대사, 선사의 설명이 아니라 스승 부처님의 육언 설명이 있습니다.

금강경 내에서 어떤 것을 보살이라 한다는 대목이 나옵니다.

제 17분 '구경무아(究竟無我)' 내용 중 마지막,

須菩提 若菩薩 通達無我法者 如來說名眞是菩薩
수보리 약보살 통달무아법자 여래설명진시보살

수보리야, 깨달은 보살이란 아상, 인상, 중생상, 수자상의 동일시에서 벗어나 무아인중수자(無我人衆壽者: 아상, 인상, 중생상, 수자상이 없는), 즉 무아에 통달한 사람, 사상의 동일시에서 벗어나 주시자가 된 자를 스승 부처, 여래는 올바른 참다운 보살이라 호칭한다.

이것이 보살, 보디사트바라는 단어 속의 가장 정확한 설명일 것입니다. 그러나 우리 한국 불교와 사회 속에서는 여러 의미로 오해, 해석하며 흘러 다니는 용어가 되었습니다.

관자재보살, 관세음보살 이 단어 너머의 의미 실체를 이해 체득하여야 뒤에 오는 '행심 반야 바라밀다 시'(行深 般若 波羅蜜多 時)를 이해할 수 있을 것입니다.

또한 관자재보살, 이 단어를 하나로 볼 것인가? 아니면 관자재와 보살, 두 개의 의미로 볼 것인가? 참으로 애매모호한 단어입니다. 이렇게 비유하여 보겠습니다.

"여자는 사람이다"라는 문장을 보면 여자와 사람은 두 개의 단어입니다. 여자를 여자로 호칭할 수 있고 또한 사람이라 호칭하여도 잘못은 아닐 것입니다. 이와 같은 비유로 본다면 스스로 보는 자, 관찰자, 주시자, 그 자가 바로 보살이라 하여도 잘못은 아닐 것입니다.

그럼 관자재라 칭하지 왜 보살이란 단어를 연결하여 표현하였을까? 문자로 설명이 난해합니다. 관자재란 인격, 인품을 지닌 존재가 아닙니다. 보살이란 단어 의미 속에도 일반적인 개념을 초월하는 실존적인 현상을 포함하나 무인격, 무인품이 아니라 없는 듯 있는 비인격, 비인품적인 의미가 내재되었기에 관자재보살이라 표현 기록하였던 것입니다.

보통 현 시대 사람들의 이해로는 관자재보살 하면 혼미한 망상으로 생각, 이해할 것입니다. 또는 신(神)과 같은 존재, 자신과는 무관한 대단한 능력자, 즉 전지전능의 창조자 또는 하느님같이 생각할 수도 있을 것입니다. 미묘하지만 관자재보살이란 의미 속에는 모든 개개인 사람이란 의미도 포함됩니다. 이렇게 관자재보살이란 단어 설명을 봄으로 그냥 한자 관자재보살이라 표현된 문자를 보는 것 보다는 조금이나마 올바른 이해에 도움이 될 것입니다.

저는 여기서 이렇게 기록하여 보겠습니다.

관자재보살이란 과거, 현재, 미래의 모든 사람 몸속에 거주하는 관찰자, 눈, 보는 자, 주시자라고 표현하여 보겠습니다. 즉 이 글을 보고 있는 그대 개인 속에도 관자재보살이 존재한다 라고 여기에 기록하겠습니다.

다시 살피면, 이 반야심경은 누구를 위하고, 이 글을 보는 사람이 어떻게 되길 바라는 글인가?

이 반야심경은 붓다, 사리자, 불교조직, 승려들을 위한 글이 아니라 이 글을 읽고 보는 개인 사람을 위한 기록물입니다.

그리고 이 글을 읽고 보는 사람이 어떻게 되길 바라는 내용인가?

득아누다라삼막삼보리하여 부처 되길 바라며 부처되는 방법에 대해 설명한 글인 것입니다. 이렇게 본다면 관자재보살이란 이 글을 보는 개인 속에 내재되어 있는 보는 자, 주시자, 응시자, 관찰자, 눈, 혜안을 의미하고 있다고 이해한다면 올바를 것입니다.

또한 다른 측면에서 관자재보살을 살펴보면 관자재보살(觀自在菩薩), 이 다섯 글자를 깊이 이해하여야 제목 '마하반야바라밀다심경'이란 문자 너머의 의미 실체를 이해, 체득할 수 있을 것입니다.

관자재보살, 앞에서 설명한 내용을 비추어 보고 여기 다시 설명되는 내용을 관찰 이해하므로써 올바로 이해하는데 도움이 될 것입니다. 여기 설명되는 내용을 지식으로 기억, 암기, 암송한다고 이해한 것은 아닙니다. 반야심경은 견성성불(見性成佛), 즉 자신의 존재 실존을 있는 그대로 보아 이해하기 위한 스승 부처님의 가르침이며 자신 내면으로 들어가는 이정표, 안내지도와 같은 것입니다. 또한 관자재보살과 본문 전체를 이해하는 하나의 방법으로 이 글 읽기를 잠시 멈추고 두 눈을 조용히 감고 아래와 같이 한 후에 이 글을 탐독하여 보시길 바랍니다.

마음의 상상으로 이와 같은 그림을 그려 보세요.

계절은 초가을… 하루 중 오후 초저녁 황혼이 질 무렵, 장소는 스스로 친밀감을 느낄 수 있는 강으로… 물은 맑고 천천히 흐르고 물결은 잔잔하며, 강 먼 쪽의 해는 황혼을 드리우고 황혼의 햇빛 아래에는 큰 산이 있고, 그 산 밑에는 희미한 어둠이 서려있으며, 주위에는 춥지도 덥지도 않는 감미로운 미풍이 불어오고, 강의 양 쪽에는 은빛모래가 길게 늘어져 있으며, 그 강물 위에 두 사람이 편안하게 탈 수 있는 배가 있고, 그 강 주변에는 타인은 아무도 없으며 오직 진정으로 사랑하는 연인과 함께 있습니다. 그 연인은 결혼 한지 약 15일정도 지난 밀월의 상태에서 두 사람은 실오라기 하나 걸치지 않은 나체로 단둘이 그 배를 타고 그 강을 아주 천천히 건너고 있다고 상상의 그림을 그려 보세요. 주변은 오직 정막 고요함만 흐르고 감미로운 미풍이 온몸을 감싸 흐르는 그런 상상 속에서 연인이 나누는 최고의 사랑의 밀어라 여기시라… 그 대화 내용이 바로 '관자재보살 행심'이란 것입니다.

또한 위와 같은 상상의 그림을 그린 머릿속 행위자, 또 그림으로 나타난 그 모습은 어디에서 창조되어 머릿속에 나타났는가?

조용한 마음으로 자세히 관찰하여 보세요. 분명한 것은 이 글을 보고 머릿속에서 그림을 그린 자, 행위자, 창조자가 있습니다. 그리고 창조 행위 순간도 그 속에 포함되어 있습니다.

그림의 창조자와
그림을 보는 자는 무엇인가?

　그 자에 대한 표현은 불가능합니다. 어떻게 표현하여도 완전한 표현이 될 수 없습니다. 개인 스스로 관찰 이해할 수 있을 뿐입니다.

　위 상상의 그림을 그리라고 하는 이유는 여러 의미가 내포되어 있습니다. 그 의미들은 이러 합니다. 반야심경 전체 내용을 이해 체득하는 것은 지식을 얻고 학위 즉 박사학위를 얻어 타인들로부터 인정받기 위한 학습이 아니라 오직 저절로 혼과 마음, 몸에 스며들게 하여야 하는 것입니다. 기쁨과 경외심, 절박함, 아름다움이 넘쳐나는 환경 속에서 보고 듣고 하여야만이 반야심경의 스승 부처님의 향기가 스며들고 그 향기로 이 글을 읽는 개인들 내면에 아침 태양이 떠올라 서서히 어둠이 사라지듯 하여 각자 개인 머릿속에 중생지류, 아상, 인상, 중생상, 수자상과의 동일시 어둠이 사라지고 맑고 밝은 눈이 열려

원리전도 몽상된 망상, 망념을 사라지게 하여(동일시에서 벗어남) 아누다라삼먁삼보리를 발견관하게 될 것입니다.

관자재(觀自在)보살, 이 다섯 글자 속의 의미를 바르게 이해 체득하게 되면 이 뒤에 오는 문장들 너머의 의미 실체는 노력 없이 저절로 이해 체득이 될 것입니다. 여기서 이해란 지식, 논리, 추론적인 마음이란 현상으로 하는 것이 아니라 개인 스스로의 체험과 경험을 통해 스스로가 관자재보살이 되었을 때만이 '관자재보살'이란 문자 너머의 의미 실체를 이해 체득하였다고 볼 수 있을 것입니다.

이 반야심경이란 기록물은 참으로 이상한 기록물입니다. 보통 일반적인 기록물처럼 시작과 끝, 기 승 전 결, 또는 육하원칙 같은 논리적 논술의 기록물이 아닙니다. 그렇다고 어떠한 존재 형상을 설명하여 주는 내용도 아닙니다. 마음, 생각 너머 비존재들 속으로 스스로 들어가게 이끌어 주는 이정표 내지 지도 같으면서도 스스로 소멸, 사라지게 하는 글 아닌 글, 기록물인 것입니다. 참으로 문자 너머 의미 실체를 설명하기가 난해합니다.

금강반야바라밀경 경전 속에서 여기 반야심경 첫머리에 나오는 관자재와 유사한 기록이 있으니 여기에 적어 보겠습니다.

금강경 제 20분 '이색이상(離色離相)'
시간, 공간, 빛, 어둠, 있다, 없다, 삶, 죽음이라는 대상과의 동일시에서 완전히 벗어났다.

須菩提 於意云何 佛 可以具足色身 見不 何以故
수보리 어의운하 불 가이구족색신 견부 하이고

不也 世尊 如來 不應以具足色身 見
불야 세존 여래 불응이구족색신 견

如來說具足色身 卽非具足色身 是名具足色身 見不 佛也 世尊
여래설구족색신 즉비구족색신 시명구족색신 견부 불야 세존

須菩提 於意云何 如來 可以具足諸相 如來 不應以具足諸相 見
수보리 어의운하 여래 가이구족제상 여래 불응이구족제상 견

何以故 如來說諸相具足 卽非具足 是名諸相具足
하이고 여래설제상구족 즉비구족 시명제상구족

　수보리님아(이 글을 보는 당신), 위의 내용을 어떻게 보고 이해하며 생각하는가?
　부처(관자재)라는 것은 시간, 공간, 빛, 어둠, 삶, 죽음이란 현상을 완전히 떠나서(동일시에서 벗어나) 완전한 보는 자… 몸으로 보는가?

수보리, 그렇게 보지 않습니다. 세존 여래(관자재보살)는 시간, 공간, 빛, 어둠, 삶, 죽음의 동일시에서 벗어난 몸으로서 완전한 몸으로 보지 않습니다. 어떤 연유로 그런가 하면 여래님이 말씀하시는 완전한 몸이란(동일시에서 벗어나 보는 자, 관찰자 주시자) 곧 시간, 공간, 빛, 어둠, 삶, 죽음을 초월한 존재적인 몸이란 시간, 공간, 빛, 어둠, 삶, 죽음을 초월한 몸(보는 자) 아닌 비존재의 몸(보는 자, 관자재) 형상입니다. 그러므로 글과 말, 생각, 논리, 추론으로만 시간, 공간, 빛, 어둠, 삶, 죽음을 초월한 몸(관자재보살)이라 이름 하여 부를 뿐입니다.

수보리님아, 구족색신(완전한 빛의 몸, 관자재, 보는 자, 주시자)과 연관하여 뒤의 구족제상(완전한 관찰자와 대상)을 어떻게 보며 이해하며 생각하는가?

여래(부처)인 나를 가이구족제상(완전한 관찰자, 보는 자)으로 볼 수 없는가?

수보리, 아닙니다. 그렇게 보지 않습니다. 어찌하여 그런가 하면 여래님(부처님)이 말씀하신 제상구족(완전한 보는 자, 관찰자, 관자재)은 곧 완전하지도 불완전하지도 않으며 이것은 글과 말, 생각, 논리로만 제상구족, 즉 완전한 관찰자, 보는 자, 혜안 관자재라 불려질 뿐입니다.

또한, 다음 구절에도 이러한 뜻이 담겨져 있습니다.

금강경 제 26분 '법신비상(法身非相)'

진아(眞我) 자아(自我)는 무아(無我)이다. 무아(無我)는 관찰자, 보는 자와 대상이 없다.

또는 그대는 보는 자와 보이는 대상이 아니다. 그대는 비존재(非存在)이다.

須菩提 於意云何 可以三十二相 觀如來不
수보리 어의운하 가이삼십이상 관여래부

須菩提言 如是如是 以三十二相觀如來
수보리언 여시여시 이삼십이상관여래

佛言 須菩提 若以三十二相 觀如來者 轉輪聖王 卽時如來
불언 수보리 약이삼십이상 관여래자 전륜성왕 즉시여래

須菩提 白佛言 世尊 如我解佛所說義 不應以三十二相 觀如來
수보리 백불언 세존 여아해불소설의 불응이삼십이상 관여래

爾時 世尊 以說偈言
이시 세존 이설게언

若以色見我 以音聲求我 是人行邪道 不能見如來

약이색견아 이음성구아 시인행사도 불능견여래

금강경 제 26분 '법신비상'을 이렇게도 볼 수 있습니다.

법신法身이란

  법신(法身)이란 관자재의 의미 실체와 동의어로 볼 수 있습니다. 그런 연고로 관자재란 유무(有無)가 아닌 비상(非相), 비존재란 의미입니다. 또한 법신과 여래도 동의어입니다. 법신, 색신, 여래, 관자재, 이 단어들은 한 실체의 다른 이름, 다른 표현일 뿐입니다.

  관자재, 여래, 법신, 색신이란 존재 실체에 대하여 스승 부처님은 아래와 같이 설명하여 주고 있습니다.

> 須菩提 於意云何 可以三十二相 觀如來不
> 수보리 어의운하 가이삼십이상 관여래부

이것이 스승 부처님이 제자 수보리에게 질문하는 내용입니다. 질문의 내용 의미가 무엇인지 정확하게 보아야 올바른 답을 할 수 있습니다.

'가이삼십이상'이란 스승 부처님의 육신, 즉 머리에서 발끝까지 이 몸이 진아, 자아, 무아인가? 또는 여래인가? 하는 의미이기도 하지만 "수보리 너는 너의 몸, 육신, 머리에서 발끝까지를 진아, 자아, 무아라고 이해하고 느끼고 보는가?" 또는 "육체 몸이 여래, 법인가? 몸 육체가 나와 나의 진정한 존재인가? 어떻게 이해하고 느끼고 보는가?"라는 의미입니다.

관여래부(觀如來不), 여기에 핵심적인 내용이 있습니다. 금강경 본문 앞부분에서는 모두 견여래(見如來)라고 기록되어 있으나 여기에서는 '관 여래'라고 기록되었습니다. 그리하여 관(觀)과 견(見)의 차이가 무엇인지 이해하여야 합니다.

보통 일반적인 통념으로는 관(觀)이나 견(見)을 같은 의미로 이해합니다. 하지만 여기 금강경이란 부처님 말씀 기록물 속에서는 같은 의미로 보면 오해입니다. 관(觀)과 견(見)의 차이점을 알아야 견여래, 관여래를 이해하여 관자재를 이해할 수 있을 것입니다.

관(觀)과 견(見)의 미묘한 차이점과 실체를 여기 글로 적어보면 이러합니다. 이 설명은 충분하지는 못하지만 각자 스스로가 관(觀과) 견(見)이란 차이점과 실체를 이해 체득하는데 작은 힌트, 예제는 될 수 있을 것입니다. 그 차이점을 살펴보면 이러 합니다.

관觀이란

　관(觀)이란 시간적인 측면에서 오직 현재, 지금입니다. 과거나 미래를 개입하지 않은 상태에서 오직 현재의 현존적인 측면이고 공간적으로는 부분적인 것이 아니라 전체 우주적인 공간을 포함합니다. 즉 오직 현재 과거 미래라는 것과 단절된 상태에서 우주 전체와 분리된 부분, 독립 공간이 아닌 전체와 하나 된 공간적인 상태를 포함하는 순간, 공간에서 본다, 느낀다는 의미를 내포하는 것입니다.

　여기에서 느낌이란 실체가 중요한데 인간의 느낌이란 오해의 소지가 많습니다. 느낌은 오직 현재의 순간에만 있는 미묘한 감각작용인데, 예를 들어 십년 전이나 어제 또는 내일이나 백년 후를 느낄 수는 없습니다. 느낌이란 오직 지금 이 순간, 현재에만 존재하는 것이며 그 느낌에 과거나 미래를 끌어들여서 느낄 수는 없다는 것입니다. 또한 예를 든다면 춥다, 덥다는 느낌에 있어서 같은 온도 같은 사람이 순간 순간에 따라 다르게 느낀다는 것입니다. 영하 10도에서 느끼는 그 느낌은 오직 현재에만 느끼는 것이 아니라 과거에 체험한 어느 것과 비교하여 춥다, 더 춥다, 몹시 춥다로 느낀다는 것입니다. 그러니 느낌이란 것도 과거와 미래라는 시간, 공간적으로는 어느 장소라는 여건에 따라 변한다는 것입니다.

바로 여기 관(觀)이란 문자 속 의미는 위와 같은 상황에서 보고 느끼는 것이 아니라 오직 '지금 여기'라는 시간, 공간적인 의미를 가지고 보고 느낀다는 것입니다. 이것은 주관(主觀)이 아니다, 그렇다고 객관(客觀)도 아닙니다. 보는 자와 대상이 나누어지지 않은 그런 미묘한 상태입니다.

견見이란

　견(見)이란 본다는 자체는 같을 수 있으나 여기서 본다는 것은 시간적으로 과거, 미래를 연관하여 현재를 본다는 의미이며 공간적으로는 일정한 어느 부분이란 의미입니다. 위의 관(觀)이란 상태의 시간 공간이란 것과 비교해 볼 수 있습니다. 이것은 과거에 만들어진 의식, 무의식, 지식차원의 견해를 동반하는 느낌이 개입된 상태입니다. 좋다, 나쁘다, 이것은 본다와 느낌이 동반된 상태인데 과거와 미래를 기반으로 상대적 비교를 지니고 지금 현재에서 판단하며 오직 주관(主觀)·객관(客觀)적인 바탕에서 보고 느끼는 상태입니다. 보는 자와 대상이 완전히 분리된 일반적인 본다는 의미입니다.

　관(觀)과 견(見)이란 미묘한 실체를 위와 같이 설명하였지만 충분하지는 못합니다. 하지만 觀과 見의 차이점이 어떠하다는 것을 일반 통넘적인 견해보다는 깊은 의미를 볼 수 있는 계기는 될 수 있을 것입니다. 觀과 見에 대한 올바른 이해는 개인 스스로 깊이 탐구하여 자신의 경험 이해로 되었을 때 올바른 체득이 될 수 있을 것입니다.

제가 여기서 설명하는 글로는 부족한 설명이라는 것을 알아야 합니다. 스스로 고요히 살펴보고 깨달아야 자신에게 도움이 되는 실체가 될 수 있습니다. 이런 연고로 하여 관여래(관자재), 견여래(관자재)의 차이점을 볼 수 있을 것입니다. 그리하여 앞에서 견여래(관자재)로 기록된 부분을 예를 들어 나열하여 놓았습니다.

관여래는 여기 금강경 기록물 중에서는 처음으로 기록되고 있습니다. 관여래, 견여래의 차이점을 잘 보고 이해하여야 관자재를 이해할 수 있습니다.

반야심경과 금강경을 비교하여 봄으로써 부처님 가르침을 올바르게 이해하는데 도움이 될 것입니다. 두 기록물의 제목 속 의미를 간단히 비교하여 보겠습니다.

금강반야바라밀경과 마하반야바라밀다심경, 이 두 제목은 앞부분 금강과 마하라는 것만 다르고 뒷부분 반야바라밀다는 같은 의미의 단어 조합입니다. 이런 현상 이치로 보더라도 금강경과 반야심경은 문자만 다르지 문자 너머의 의미 실체는 하나라는 것을 볼 수 있습니다. 그리고 금강경 제목은 스승 부처님이 육언으로 작명하여 주신 제목입니다.

금강경 제 13분 '여법수지(如法受持)' 내용 중에,

佛告 須菩提 是經 名爲金剛般若波羅蜜 以是名字 汝當奉持
불고 수보리 시경 명위금강반야바라밀 이시명자 여당봉지

수보리야, 지금 내가 말하는 내용을 글과 말로는 지금 이 순간에 무아인중수자(無我人衆壽者)를 득하여 혜안을 만드는 말이라 이름 하여 기억하라는 뜻입니다. 하지만,

須菩提 佛說 般若波羅蜜 卽非 般若波羅蜜 是名般若波羅蜜
수보리 불설 반야바라밀 즉비 반야바라밀 시명반야바라밀

수보리야, 지금 내가 말한 이 순간 무아인중수자를 득하여 혜안을 만든다는 것은 글과 말과 논리로만 그러할 뿐이다.
여기서 두 경전의 제목을 비교 설명하는 것은 관자재를 이해하는데 도움을 주기 위한 설명입니다. 다시, 금강경 제 26분 내용을 관찰하여 보면,

須菩提 於意云何 可以三十二相 觀如來不
수보리 어의운하 가이삼십이상 관여래자

須菩提言 如是如是 以三十二相 觀如來
수보리언 여시여시 이삼십이상 관여래

佛言 須菩提 若以三十二相 觀如來者 轉輪聖王 卽時如來
불언 수보리 약이삼십이상 관여래자 전륜성왕 즉시여래

수보리야, 어떻게 보고 이해하는가? 이 내 몸, 머리에서 발끝까지를 여래(관자재)로 관(觀)할 수 있는가?

여기서 잘 보아야 합니다. 스승 부처님은 자신의 육신을 비유로 들어 제자 수보리의 눈을 만들어 주고 있습니다. 곧 이 내 육신을 여래, 관자재, 스스로 보는 눈으로 관(觀)하는가?

잘 보세요, 견(見)하는가? 하고 묻는 것이 아니라 관(觀)하는가? 보고 느끼며 나와 하나 되는가? 하고 질문합니다.

이 질문을 이렇게도 볼 수 있습니다.

지금 너의 몸, 서른 두 곳을 자신의 스스로 보는 눈, 여래, 관자재, 진아, 무아라고 보고 느끼고 이해하는가? 라는 의미로 보아도 앞의 설명과 동일합니다. 스승 육신에 대한 觀(있는 그대로 올바르게 보고 이해하는 것)을 즉, 보는 관점을 질문하였지만 수보리 자신의 몸에 대한 질문이기도 한 것입니다.

이제 수보리 답변을 주의깊게 잘 보아야 합니다. 수보리의 답변,

如是如是 以三十二相觀如來
여시여시 이삼십이상관여래

수보리가 스승 부처님의 앞 질문에 스스로 보고 아는 대로 답변하고 있습니다.

"여시여시, 예~ 예!" 그렇게 보고 이해합니다. 당연한 흔들림 없는 확고한 신념(信念)의 대답을 합니다.

스승 부처님 육신의 머리가 여래 관자재입니다, 육신의 눈이 관자재입니다, 코도 관자재입니다, 귀도 여래 관자재입니다, 팔 다리도 여래 관자재입니다, 손발도 여래 관자재입니다, 성기도 여래 관자재입니다, 육신 서른두 부분 모두가 여래 관자재입니다. 다른 측면에서는 이런 의미도 됩니다. "내 몸 육신의 서른두 부분 머리 눈, 귀, 코, 입, 배, 팔다리, 손발, 성기, 치아, 혀, 모두가 수보리 자신의 진아, 무아입니다" 하고 답변하는 것과 같은 것입니다. 수보리는 자신이 보고 아는 대로 진실을 답변하였습니다. 하지만 스승 부처님의 눈에는 수보리가 잘못 보고 있다는 것을 알았습니다.

수보리 제자의 답변을 듣고 스승 부처님이 수보리에게 다시 설법을 들려줍니다.

佛言 須菩提 若以三十二相 觀如來者 轉輪聖王 卽時如來
불언 수보리 약이삼십이상 관여래자 전륜성왕 즉시여래

스승 부처님이 말씀하십니다, "수보리야~!"
여기에서도 제자 이름을 부르는데 깊은 의미가 있습니다. 안에서

밖으로 나오라는 의미를 포함합니다.

앞에서 네가 설명 답변한 것과 같이 나의 몸 서른두 부분이 여래(관자재, 보는 자, 진아, 무아)라면 전륜성왕도 곧 여래(관자재)가 되는 것이다. 수보리야, 육체의 서른두 부분 하나하나가 여래(관자재)라 관(觀)한다면, 보고 이해한다면 전륜성왕도 곧 여래(관자재)라고 관하고 보고 이해하는 것이 된다.

[여기 전륜성왕(轉輪聖王)이란 의미 실체는 참으로 이해하기 어려운 현상입니다. 불교용어사전에서도 충분한 설명이 되지 못하고 있습니다. 필자가 보는 전륜성왕이란 의미는 필자가 번역 출판한 금강경을 참고 하세요.]

스승 부처님이 전륜성왕이란 현상을 비유로서 설명하여 주고 그 설명을 들은 수보리는 이렇게 순간적으로 변합니다.

須菩提 白佛言 世尊 如我解佛所說義 不應 以三十二相 觀如來
수보리 백불언 세존 여아해불소설의 불응 이삼십이상 관여래

스승 부처님 말씀은 높고 깊고 무한한 말씀입니다. 존경, 공경하는 스승 세존님! 스승님이 비유 설명하여 주시는 전륜성왕이란 것을 듣고 보아 이렇게 이해하였습니다. 육신의 서른두 부분 부분이 여래 관자재가 아니라고 올바르게 보고 이해하였습니다.

여기서 잘 보아야 합니다. 전륜성왕이란 비유 설명의 그 내용이 얼마나 중요한 의미를 지니고 있는지 스승 부처님으로부터 비유 설명

을 듣기 전에는 수보리 즉, 혜안이 열리고 혜명이 된 수보리도 전륜성왕이란 인류 역사, 시간 공간 전체에 흐르는 보이지 않는 그물 감옥을 스스로 올바르게 못 보았던 것입니다. 비유 설명을 듣고 스승 부처님의 육신과 자신의 몸 육체에 대한 올바른 이해를 가지게 되었습니다. 자신의 육체와 저 깊은 무의식 속에서 동일시되었던 그것으로부터 벗어나 여래 관자재가 됩니다.

내 육신은 자아, 무아, 진아, 해탈, 부처가 아니라 그것은 잠시 나타난 그림자 같은 현상 또는 하늘의 구름 같이 온 곳도 없고 가는 곳도 없이 왔던 그 자리로 다시 돌아간다는 것을 수보리는 보고 알게 되었습니다.

이렇게 수보리가 여래(관자재)를 설명한 후에 스승 부처님은 이렇게 게송으로 다시 제자 수보리에게 들려줍니다.

爾時 世尊 而說偈言
이시 세존 이설게언

若以色見我 以音聲求我 是人行邪道 不能見如來
약이색견아 이음성구아 이인행사도 불능견여래

만약에 너희들이(수보리와 1250인, 그리고 이글을 보는 그대) 과거에 보고 들은 지식과 생각, 논리, 이론, 추론으로 자신의 본성을 발견관

하고자 한다면 또는 빛, 어둠, 시간, 공간, 삶, 죽음 속에서 모양과 형체로 스승 부처의 진체를 보고자 한다면 수보리와 1250인 그리고 이 글을 보고 있는 당신네가 자신의 말과 세상 다른 사람들의 말과 글, 온 세상에 있는 소리 속에서 관자재(觀自在), 자아, 진아, 무아, 견성, 해탈, 성불, 아누다라삼막삼보리를 발견관하지 못하리라. 부처인 나의 목소리, 나의 말 소리를 듣고 나의 진체 법신(관자재)을 찾고 보려고 한다면 영원히 관자재를 이해하지 못하리라.

위에서 여러 비유를 들어 설명한 것을 깊이 이해 관찰하므로써 관자재보살이 어떠한 것인가 올바른 이해가 생길 것입니다.

이러한 자, 관자재보살이 무엇을 어떻게 보고 어떻게 되었다 하는 내용을 스승 부처님이 뒤에서 설명하고 있는 것입니다.

여기 반야심경 내의 관자재는 스승 석가모니부처님의 육신 내에 존재하는 스스로 보는 자에 대한 설명 표현입니다. 그러하므로 이 반야심경은 부처님 육언 설법인 것입니다.

行深 般若 波羅蜜多時
행심 반야 바라밀다시

    이 문장은 네 개의 단어 조합으로 이루어진 실체 설명입니다. 한문과 인도어 혼합으로 이뤄진 참으로 미묘한 문장입니다. '행심'과 '시'는 중국 한문으로 번역된 언어이고 '반야'와 '바라밀다'는 인도어 음역과 의역으로 된 문장입니다.

行深 般若 波羅蜜多時 照見 五蘊皆空度
행심 반야 바라밀다시 조견 오온개공도

    위의 문장 내용은 스승 부처님 내면에서 무엇인가 미묘한 관찰을 하고 그 관찰의 결과가 어떻게 되었다 하는 내용을 담고 있습니다.
    문자 단어로 기록·표현은 되어 있지만 실상은 문자 단어 너머의 비존재로(非存在) 무(無)와 유(有)가 아닌, 실행도 아니고 무위(無爲; 아무것도 하지 않는)도 아닌, 또 그 중간도 아닌 무엇인가 고정 흐름이 아닌 실상(實相)의 현존적인 표현 기록인 것입니다. 또한 여기서 간과하지 말아야 하는 것은 앞부분 관자재보살이란 누구인가? 이를 바르게 보아야 합니다. 스승 부처님 내면의 비존재입니다, 즉 이 반야심경 전체 내용은 스승 부처님의 육언이며 제자 사리자에게 들려주는 스승 부처님 본인 내면의 실상을 표현하는 내용을 담고 있다는 사실을 바르게 보아야 합니다.

行深 般若 波羅蜜多時 照見 五蘊皆空度
행심 반야 바라밀다시 조견 오온개공도

이 문장 기록물을 보고 이해함에 있어, 이 글을 보는 자신의 마음과 눈으로 보는 것이 아니라 스스로가 부처라 가정하고 부처님 입장에서 이 글을 보아야 문자 너머의 의미 실체를 바르게 볼 수 있고 경험과 이해가 따라 올 것입니다. 논리, 이론, 생각으로는 이치에 맞지 않는 설명이며 글이지만 스스로 부처라 가정하고 보아야 합니다. 스스로 부처가 아닌 수행자, 제자, 또는 학자, 신자, 숭배자의 입장에서 이 글을 보는 한 이 문자 너머의 실체를 바르게 볼 수 없고 보이지도 않을 것입니다.

行深
행심

　이 단어와 같은 의미의 단어 문자는 조견(照見)이라 보아야 합니다.
　행심(行深), 이 문자 속 의미는 움직임, 행동, 행위, 고정되어 있지 않은 움직임, 살아 있음, 변화라는 의미로 볼 수 있는 문자 단어입니다. 하지만 실체는 무위, 행함 없는 행위, 집중도 아니고 이완도 아닌 모든 행위가 사라진 미묘한 내면의 현상입니다. 이렇게도 살펴보겠습니다.
　이 반야심경 내용을 최초로 구술하는 자가 누구인가? 석가모니, 붓다, 아니면 관자재보살인가? 아마도 많은 사람들, 이 반야심경을 탐구하는 많은 사람들은 혼돈 속에서 반야심경을 탐구할 것입니다. 즉 이 반야심경은 관자재보살이란 붓다님 제자가 사리자에게 들려주는 설법, 법문이라 생각·이해하기 쉬울 것입니다. 반야심경 내용 어디에도 석가모니 붓다가 설법 설명하고 있다는 내용이 없습니다. 문자대로 보면 관자재보살이란 보살, 즉 붓다님 제자가 사리자라는 사람에게 들려주는 설법처럼 보일 것입니다. 여기에서 참으로 많은 혼돈이 발생하였습니다. 조용히 관찰하여 보면 다른 경전에서는 석가모니 부처를 호칭하는 단어가 여래, 세존, 불타 등으로 기록하여 부처라는 의미를 볼 수 있습니다. 하지만 여기 반야심경에서는 스승 부처를 호칭하는 내용이 없는 것처럼 되어 있습니다. 따라서 관자재보살, 이 단어를 스승 부처님을 호칭하는 단어라고 많은 사람들은 생각하지 않을 것입니다. 반대로 스승 부처님의 제자로 생각할 수 있는 단어 문장입니다. 스승 부처님은 붓다, 즉 부처이지 보살이 아닙니다. 그런데 스승 부처님이 자신을 스스로 호칭 표현하면서 관자재보살이라 호칭한다는 것은 어떻게 보면 이치에 맞지 않을 수 있습니다. 하지만 이렇게 살펴볼 수도 있습니다. 이 반야심경 내용이 스승 부처님, 즉 석가모니불의 육성 설법이라면 관자재보살이 바로 석가모니부처라고 아니할 수 없습니다. 그러나 문장 기록상으로 보면 스승 부처님 육성이 아닌 제 삼자, 즉 부처님 제자가 사리자라는 제자에게 설법하는 형식으로 기록되어 있습니다. 이러니 반야심경을 탐구하는데 혼란이 따르게 되는 것입니다.

  관자재보살, 관세음보살은 실존하였던 인간 개인 즉, 남자나 여자가 아니라 모든 사람 속에 존재하는 보는 자, 관찰자, 눈이란 의미 실체를 중국에서 번역하면서 여러 단어로 번역하였던 것입니다. 그러하므로 여기 반야심경 첫머리 관자재보살이란 석가모니 붓다 내면에 있는 현상, 즉 부처님의 눈, 부처님의 관찰자라는 의미인 것입니다. 여기서 눈, 관찰자라는 표현은 불완전 합니다. 有, 無, 존재가 아니라 인간 인식 속에 들어 올수 없는 현상으로 비비존재(非非存在) 같은 현상이므로 그리하여 관자재보살이라 표현 기록하였던 것입니다.

관자재보살 행심이란 이렇게도 표현할 수 있을 것입니다.

스승 부처님 본인이 스스로 내면을 고요히 관찰하고 있다, 행위 없는 행위를 하고 있다.

般若 波羅蜜多時
반야 바라밀다시

　이 문장은 세 단어로 인도어를 음역과 의역을 동시에 한 문장입니다.

　반야 바라밀다, 이 단어 문자 속의 의미 실체를 완벽하게 해석한다는 것은 불가능할 것입니다. 이 단어는 인도 고어입니다. 그리고 '시(時)'라는 이 한자도 중요한 의미를 담고 있습니다. 반야와 바라밀다, 두 단어 의미를 여러 측면에서 살펴보겠습니다.

　인도 산스크리트어로 Praina, 팔리어로는 Panna, 한자로는 반야(般若)로서 이 문자 속의 의미는 지혜라고 한국 불교에서는 간략히 해석합니다. 부족한 해석이며 말과 글로는 완벽한 해석이 불가능한 인간 내면의 심오한 현상입니다. 완전하지는 못하지만 저의 이해를 여기에 문자로 표현한다면 지혜, 반야는 말 글 생각의 범주 안에 포함될 수 없고 지식이나 경험된 인식이 아니며 경험, 기억하는 주체가 사라진 뒤의 현존(나타나는)이기에 지식이나 경험된 인식이 아닌 것입니다. 지식과 경험은 그 주체자, 지식을 인지 경험하는 자가 있을 때 형성되고 기억됩니다.

여기서 말하는 지혜는 고정불변의 인식, 경험체계가 아니라 미묘하지만 이 지혜라는 현상은 그대, 즉 나라는 생각, 마음, 느낌, 에고, 자아 없음 속에서 나타나고 성장한 것입니다. 나타남, 성장함이라 표현은 하지만 부족합니다. 차라리 꽃 피어 남이 적절하겠습니다.

이 지혜라는 꽃은 사람의 가장 깊은 내면 중심으로부터 피어나며 여러 개로 같을 수 없는 독창적인 것입니다. 이 지혜는 더 성장하지 않는 완전한 꽃 핌이고 완성입니다.

지혜의 완성, 즉 진리라 말합니다.

반야 지혜는 경험을 통해서 얻어지는 것도 아니고 다른 사람을 통해서 얻어지는 것도 아닙니다. 오직 자성(自性), self nature, 그저 내면 속의 자기 주시, 견성, 마음 지켜보기, 어떤 마음과의 동일시에서 벗어나고 '나'라는 생각, '나는 사람'이라는 생각, 나는 지금 여러 사람 무리 중에 있는 사람이다, 나는 태어나 살아 숨 쉬고 살아 있으며 언젠가는 죽을 것이지만 죽고 싶지 않고 오래 살고 싶으며 죽음은 두렵고 무섭다는 생각, 마음의 동일시에서 완전히 벗어나 '보는 자'로 되었을 때, 그대 내면에서 숨겨져 있는 것이 나타나고 그로 인하여 얻어지는 것이 지혜입니다.

그것은 항상 개인적이고 독창적입니다. 그것은 언제나 영원히 그대의 것이며 오직 그대만의 것입니다. 그러나 여기서 이해해야 할 것은 그대의 것이라는 이 말은 거기에 어떤 작은 에고(ego)도 개입되지 않는다는 것입니다. 반야 지혜는 그대의 자성(自性), 스스로 보는 자에서 솟아나고 피어납니다. 그런 의미에서 반야를 그대의 것이라 말하는 것입니다.

반야 지혜에는 '나(自我)'라는 에고가 설 자리가 없습니다. 왜냐하면 나(자아)라는 에고는 관조, 주시, 지켜봄 속에서는 존재할 수 없기 때문입니다. 이 반야 지혜라는 꽃은 우주공간 지구 위에 현존하는 최고의 더할 수 없는 보물이고 살아있는 영원한 생화(生花)입니다.

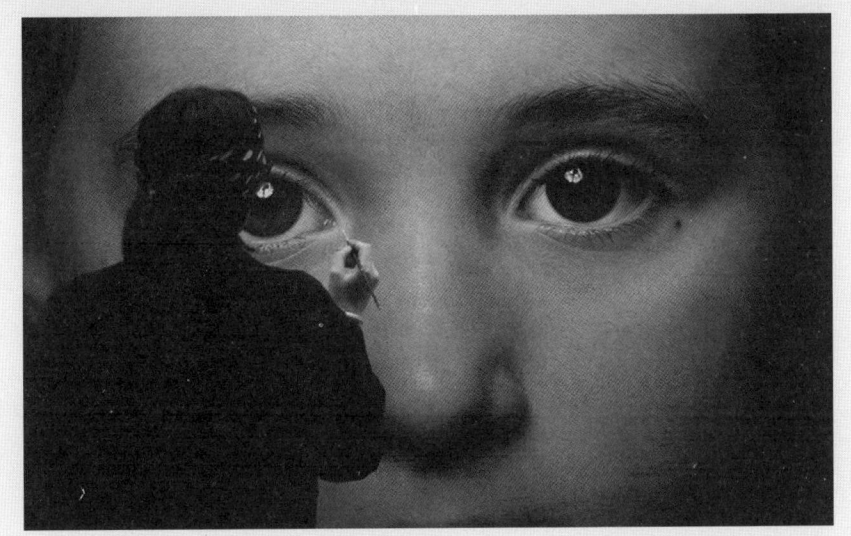

바라밀다
Paramita, 波羅蜜多

　이 단어도 중국에서 번역을 행하면서 음역과 의역을 동시에 한 단어입니다.

　바라밀다란 이러한 의미 실체를 담고 있습니다.

　모든 사람 내면의 현상으로서, 무심·무아적인 상태로서, 시간과 공간을 넘어서 편견 없이 조용히 스스로 내면을 비추어 보는 상태입니다.

　바라밀다 차원에서는 체험자 스스로에게 시간 공간이 느껴지지 않는 상태로 들어갑니다. 체험자 자신이 언제 어디에 시간 공간이 존재하는지 인식되질 않습니다. 시간, 공간, 나라는 인식 체계가 사라지므로 아상·아감(我相我感)이 인식되지 않습니다.

　시간은 그대 외부에 존재합니다. 공간도 마찬가지입니다. 그러나 그대 내면 무아 속에서는 시간, 공간, 감각이 사라지는 교차점이 있는데 진공 무아 상태입니다. 거기에는 영원, 무시간, 무공간이 없는 듯 무존재가 아니라 비존재 합니다. 시간 공간 없는 순간, 찰라 지간이 있습니다.

공간 없고 공간·시간 감각이 없는 찰라 순간, 이것이 저 넘어 피안의 세계, 바라밀다의 올바른 견해입니다. 그곳에서 그대는 시간 공간에 한정되지 않습니다. 따라서 그대가 어디 있다고 말할 수 없습니다. 왜냐하면 '에고', 즉 나라는 생각, 나라는 느낌이 사라지면 우주 전체와 하나 됩니다. 이때 그대는 모든 곳에 존재하는 동시에 어느 곳에도 존재하지 않습니다. 그대는 우주 전체 안에서 녹아 없어집니다. 공(空)이요, 무(無)요, 영원으로 돌아갑니다. 이때 반야 바라밀다가 됩니다.

완성된 지혜 저 너머 무시간 무공간으로부터 오는 그것이 반야 바라밀다입니다. 그러므로 눈 있고 이해력 있는 사람은 문자나 언어, 종교적 차원의 해석이 아닌 스스로 탐구 이해를 바랄 뿐입니다.

반야 바라밀다란 또한 두 단어의 조합 같지만 실체는 하나입니다.

바라밀다는 뿌리요, 줄기요, 잎이고 반야는 꽃이므로 두 개는 따로 분리된 것이 아닙니다. 하나의 현존 실체입니다.

위에서 설명한 것과 같은 차원, 그러한 경험의 순간에 스승 부처님께서 자신의 육체 내면을 보고자 하는 노력 없는 상태에서 조견(照見)

하여 보니, 미묘하게 관찰하여 보니 오온개공도(五蘊皆空度)입니다. 여기에서 조견 오온개공도는 이글을 보는 당신이 보았다는 것이 아니라 스승 부처님이 보았다는 것입니다. 앞부분 행심(行深)과 조견(照見)을 이해해야 합니다.

行深(행심)

행심, 문자적으로는 무엇인가 깊이 움직여 행동하였다, 또는 몸속 의식 상태를 나타내는 표현일 수 있습니다. 하지만 여기 문자 너머 의미 실체는 반야바라밀다 차원으로 들게 무엇인가 하였다는 의미인데, 반야바라밀다에 들기 위해서는 모든 심리적 행위가 사라진 후에라야 되는데, 마음의 행위로는 반야바라밀다에 들어갈 수 없습니다. 그러므로 행심이란 아무 노력 없이 그저 자신 스스로 모든 마음을 지켜보고 모든 동일시에서 벗어났다는 의미입니다. 곧 무심, 무아에 들기 위하여 한 행위 없는 행위, 무위(無爲)를 의미합니다. 이런 후에 반야바라밀다가 이루어집니다. 또한 아누다라삼막삼보리 발견관적인 상태입니다. 이러한 상태가 된 후에, 즉 '반야바라밀다시'입니다.

여기 시(時)라는 이 한 글자의 의미는 앞부분 "관자재보살 행심 반야바라밀다"라는 전제 조건 후에 뒤의 것이 성립된다는 의미로 '행심 반야바라밀다' 차원에서만 '조견 오온개공도'가 가능하다는 것입니다. 곧 일반 보통 사람들의 차원이 아니라 스승 붓다의 차원에서 보아야만이 '조견 오온개공도 일체고액'이 이루어진다는 의미로 곧 여기 반야심경은 일반적인 심리상태로는 이해 체득이 불가능한 기록물일 수도 있습니다. 하지만 스스로 바르게만 탐구한다면 가능성은 누구에게나 평등하게 적용될 수 있을 것입니다.

照見(조견)

조견, 이 단어 문자도 조용히 비추어 본다 라고 해석하지만 그렇게 간단하지 않은 현상입니다. 앞의 전제 조건, '행심 반야바라밀다'를 득한 후에 실행될 수 있는 것이 조견입니다. 조견(照見)을 이해하기 위하여 단관(但觀)이란 단어의 의미와 비교해 볼 필요가 있습니다.

여기 반야심경에서는 중국에서 번역하면서 조견이라고 삼장법사가 번역 기록하였지만, 한국의 고승 서산대사께서는 그의 저서 선가귀감에서 이렇게 표현 기록하셨습니다.

단관 오온 사대무아(但觀 五蘊 四大無我)라고.

조견(照見), 이 단어 문자는 누가 말하는가에 따라 의미가 변하는 문자 단어입니다. 일반적으로는 조용히 비추어 본다, 라고 해석한다. 하지만 여기 반야심경 속에서는 조용히 비추어 본다 라고 해석한다면 부족합니다.

'조용히'란 무엇을 조용히 한다는 의미란 말인가?

여기 조견의 올바른 이해는 참으로 난해합니다. 부처가 되어야만 여기 반야심경에서 표현된 조견이란 의미를 실행할 수 있습니다.

자신 스스로 내면의 모든 마음을 대상으로 하여 본다, 어떤 마음과도 동일시되지 않은 상태에서 스스로 내면을 분별·판단 없이 본다, 볼려는 노력 없이 그저 본다 라는 의미가 조견이란 올바른 의미입니다.

한국 고승 서산대사의 표현을 관찰하여 보면 "단관(但觀) 오온개공 사대무아"라고 기록한 부분을 "조견 오온개공 개공도"와 비교 관찰해 볼 필요가 있습니다. 두 표현이 모두 본다는 의미이지만 보고 난 후의 변화를 표현하였습니다. 반야심경에서는 "조견 오온개공 개공도"라고 기록 되었고, 서산대사는 "단관 오온개공 사대무아"라고 기록하였습니다.

이렇게 비교하여 볼 수도 있습니다. 반야심경은 중국 삼장법사의 번역이고 한국의 고승 서산대사께서는 자신의 견해로 '단관 오온개공'이라 표현하였습니다. 조견과 단관의 차이점을 살펴보면 인도 원어와 스승 붓다의 표현·의미는 단관이 올바를 것입니다. '조견'이란 표현 속에는 보고자 하는 노력이 있고 집중이 있습니다. 또한 보는 자와 대상이 분리된 상태일 수 있습니다. 하지만 '단관'은 오직 이완, 보고자 하는 노력 없음 속에서 봄이며 보는 자와 대상이 분리되지 않은 상태입니다.

五蘊皆空度
오온개공도

　　오온개공도, 이 단어는 다섯 개의 단어 조합으로 오온, 모두 전부, 없는 듯 있는 텅 빔, 법 제도, 건너다라는 단어의 조합입니다. 그럼 여기서 오온이란 무엇인가? 반야심경에서는 색(色),수(受),상(想),행(行),식(識)을 오온이라 하지만 금강경에서는 오온에 해당하는 의미를 찾아보면 이러합니다.

　　금강경 제 3분 대승정종(大乘正宗), 내용 중에

所有一切 衆生之類 若卵生 若胎生 若濕生 若化生
소유일체 중생지류 약난생 약태생 약습생 약화생

若有色 若無色 若有想 若無想 若非有想, 非無想
약유색 약무색 약유상 약무상 약비유상, 비무상

我皆令 入無餘涅槃 以滅度之
아개령 입무여열반 이멸도지

그대 내면속에 가지고 있는 모든 인식, 마음과의 동일시에서 벗어나라. 즉 작은 뿌리하나 남기지 말고 변화시켜 건너가라.[금강경 이 부분해석은 필자가 번역 출판한 금강경을 참고하세요]

오온(색, 수, 상, 행, 식. 금강경의 중생지류)은 실존이 아닙니다. 아상, 인상, 중생상, 수자상이 실체가 아니듯 모든 사람은 착각하고 있을 뿐입니다. 이 오해 착각에서 벗어날 수 있는 방법은 오직 스스로 조견, 단관 하는 길 밖에 없습니다.

조견 오온개공도, 스스로 속에서 봄으로 그 모두가 그림자 같은 허상이라는 것을 보고 벗어나게 됩니다. 오직 이 길 밖에 없습니다!

一切苦厄
일체고액

일체고액, 스스로 속에 있는 모든 고통의 원인과 종류를 보고 이해하여 그것으로부터 해방 된다 라고 볼 수 있는데, 그럼 모든 고통의 원인과 종류는 무엇인가?

고액의 원인과 종류가 바로 오온이라는 것입니다. 오온과 스스로 동일시되어 있으므로 모든 고통이 항상 있으며, 그 동일시로부터 벗어날 때에 모든 고통은 사라집니다. 고통이 사라진 상태가 개공도(皆空度)이고, 이 개공도가 바로 아누다라삼막삼보리 발견관입니다.

반야심경 전체 내용이 지향하는 목적지가 바로 "득 아누다라삼막삼보리"입니다.

조견 오온개공도, 이 문장을 읽을 수 있고 의미를 논리적으로 해석한다고 '조견 오온개공도'를 득하는 것은 아닙니다. 스스로 내면 속에서 오온을 실제로 보아야 합니다. '색온'이라는 의미를 보는 것이 아니라 실체를 보아야 합니다, 하지만 일반 보통사람의 이해 능력으로는 이 오온을 볼 수도 없고 보이지도 않습니다. 行深 般若 波羅蜜多時 차원의 순간에 보아야 보이는 것입니다.

고액(苦厄)은 앞에서 설명하였으므로 일체(一切)를 여기서 살펴보면 이 단어 一切도 참으로 미묘한 의미를 지니는 단어입니다. '일체'라 볼 수도 있고 '일절'이라 볼 수도 있습니다. '일체'는 모두, 전부라는 의미이고 '일절'은 모두 자른다, 절단한다 라는 의미로 볼 수 있습니다. 즉 각자 개인 속에 없는 듯 있는 괴로움, 고통의 원인을 스스로 보아 동일시에서 벗어난다는 것입니다.

舍利子(사리자)

사리자, 스승 부처님 제자 이름인데 문맥상 왜 여기서 "사리자!" 하고 있는가?

잘 관찰하여 보면 사리자 앞과 뒤의 문맥과 의미가 다르게 흘러가는 것을 볼 수 있습니다.

"사리자"라고 호칭 기록된 의미는 이러합니다. 앞부분 내용은 사리자의 의식이 사라진 무아, 무심의 상태이지만 여기 "사리자"라고 호칭하는 이유는 무심, 무아에서 벗어나 "외부로 나오라" 그리고 "외부를 관찰하라"는 의미로 사리자를 호칭합니다.

그런 연고로 다음 문장을 보면,

色不異空 空不異色 色即是空 空即是色
색불이공 공불이색 색즉시공 공즉시색

    이 문장은 각자 개인 내면에 있는 오온, 즉 마음이란 고통과 재앙을 이해시키기 위해 비유 설명을 한 부분입니다.

    색수상행식의 오온(또는 금강경 속의 소유일체 중생지류 약난생, 약태생, 약습생, 약화생, 약유색, 약무색, 약유상, 약무상, 약비유상, 비무상)을 사람 마음, 외부에 있는 빛과 색, 어둠과 빛, 또는 시간과 공간과 같은 현상을 비유하여 오온을 이해하라고 스승 부처님이 사리자에게 설명하여 주는 부분입니다. 뒤의 문장을 보면 보입니다.

空即是色 受想行識 亦復如是
공즉시색 수상행식 역부여시

오온 또한 이와 같다는 것입니다.

'색불이공 공불이색 색즉시공 공즉시색 수상행식 역부여시', 이 부분을 설명하기 전에 '공즉시색'을 먼저 살펴보면 이 부분은 많은 오해의 소지가 있음을 알 수 있습니다. 현 한국 불교에서 이 부분을 기록하면서 '색즉시공 공즉시색 수상행식'이라 기록하고 있는데 이것은 오기입니다. 즉 '공즉시색'하고 띄우고 '수상행식'이라 기록하면 잘못입니다. 오온, 즉 색수상행식은 한 묶음인데 색과 수상행식을 분리하여 기록함은 오류인 것입니다.

다시 말해 '색즉시공 공즉시색수상행식 역부여시'로 기록하여야 올바를 것입니다.

왜 그러한가를 이제 살펴보면,

色不異空
색불이공

    색불이공, 색과 공은 다르지 않다, 즉 색과 공은 동일하다. 또는 색과 공은 분리가 아닌 하나이다 라는 의미로 볼 수 있는데 그럼 색은 무엇이고 공은 무엇인가?
    먼저 색이란 흰색, 검은색, 빨강색, 노란색, 청색 등 특정한 형상으로 나타나는데 이 색들은 빛 없이는 나타날 수 없습니다. 그렇다고 빛을 흰색이나, 검은색이나 빨강, 노랑이라 보지는 않습니다. 빛은 빛이고 색은 색이다 라고 우리 인간은 인식합니다.

    고요한 마음으로 조용히 지금 그대 주변의 형상들 속에 있는 색을 관찰하여 보십시오!
    색이란 무게, 맛, 촉감, 향기, 소리가 있는가?

색은 살아 있는가? 죽어 있는가?

사람들은 색을 보지만 색의 실체는 보지 못합니다. 예로서 노랑, 빨강, 흰색의 올바른 정의 설명은 불가능할 것입니다.

각 색의 시작과 끝, 소멸은 어디인가?

색은 존재하지만 그 색의 실상에 대한 완전한 설명은 불가능합니다. 또한 빛, 어둠의 실체를 우리는 보지 못합니다. 빛이 어느 대상에 비추어질 때 인지하게 됩니다. 대상이 없는 빛을 우리는 인지하지 못합니다. 이와 같은 것이 공(空)입니다.

여기서 色과 空을 서로 비교하고 있습니다. 또한 空이란 어떻게 이해하여야 할까? 아마도 많은 사람들의 空에 대한 생각 이해는 하늘, 허공, 사물로 채워지지 않은 공간을 空이라 생각하기 쉬울 것입니다. 하지만 오해이거나 여기 부처님의 말씀 속 空과 같지는 않다는 것을 이해해야 할 것입니다.

공(空)을 이런 측면으로 관찰해 보면,
공은 유(有)인가, 무(無)인가?
공에 무게 또는 부피가 있는가?
공은 늘어나거나 줄어드는가?
공은 살아 있는가, 죽어 있는가?
공의 시작과 끝은 어디인가?
공은 어둠인가, 빛인가?

공은 음양이 있는가?

공은 움직이는가? 공은 정지인가? 생멸하는가?

위의 물음에 답은 있는가?

이것도 저것도 아닌가?

아니면 모두를 포함하는가?

여기 스승 부처님이 표현하였습니다. 공에 대한 실체는 인간 논리, 생각으로는 담을 수 없고 표현될 수도 없는 미묘한 비존재, 유·무의 존재도 아닌 표현 불가라 보고 이해하여야 할 것입니다. 마음의 정지, 무심, 무아 같은 것일 것입니다.

空을 이해시키기 위하여 빛과 색의 실상으로 비유하였고 또한 빛과 색을 이해시키기 위하여 空을 비유하여 상대적으로 비추어 보라고 설명하고 있는 것입니다.

照見 五蘊皆空度(조견 오온개공도), 오온을 대상으로 하여 관찰하여 보니 빛과 색 같이 모두가 텅 빈, 空 같음을 보고 오온의 동일시에서 벗어났다.

또한 사리자여! 오온 색수상행식은 색과 공, 공과 색이 같으므로 공과 색수상행식과 같다 라는 것을 비유적으로 설명하여 주고 있는 것입니다. 그러므로 '색즉시공 공즉시색수상행식'으로 기록하여야 올바를 것입니다.

五蘊
오온

　오온(五蘊), 즉 색, 수, 상, 행 식을 하나하나 살펴보면 오온이란 색, 수, 상, 행, 식을 오온이라 하며 인도 산스크리트어로 panca-skandha이고 팔리어로는 panca-khandha이라 하며 오음(五陰), 다섯 개의 그림자, 오중(五衆), 다섯 개의 무리, 오취(五取), 다섯 개를 취하였다 라고 합니다.

色蘊(색온)

　색온은 인도어 rapa-skandha로 불교용어 사전에서는 "빛(色)은 스스로 생멸 변화하고 또 다른 것을 장애한다"라고 기록하고 있습니다.

사람 마음속, 즉 염(念)과 상(相) 의식 속에 빛과 색으로 인식된 형상으로 오온 중, 가장 원초적이고 깊이 스며든 현상이 色蘊입니다. 사람의 마음 의식이 만들어지는 과정 중에 탄생과 더불어 가장 먼저 만들어지는 것이 색온입니다. 즉 빛과 어둠, 또는 색상 인식은 탄생의 순간에 만들어져 죽음 직전까지 소멸되거나 변하지 않고 내면에서 작용합니다. 또한 위의 수상행식 모두가 이 색온에 기초하여 생성되어 간직됩니다.

受蘊(수온)

수온은 불교사전에서는 "고통, 즐거움, 불고불락을 느끼는 마음 작용, 또는 受(수)는 받아들인다"는 뜻과 낙사를 감수하는 정신작용으로 6식(識) 6경(境)이 접촉함에 생기는 6수(受)의 덩어리라고 기록하고 있습니다. 하지만 제가 보는 수온은 이러합니다.

한자 受(수), 이 글자는 높은 곳에서 건네는 것을 아래에서 받는다는 의미인데 그럼 누가 무엇을 누구에게 어떻게 내려준다는 것인가? 여기 '누가'라는 것은 먼 과거 사람들이 살아오면서 필요한 사항들, 즉 사는 방법으로 불과 물의 사용법이라든지 집과 옷, 먹는 것, 적으로부터 자신을 보호하는 방법 등에 관하여 지식으로 교육·전수되는 것과 또는 선악, 잘하고 못함, 좋고 나쁨, 도덕, 예의, 학문, 예술 등 인간의 과거 역사 속에서 이루어졌던 지식적 내용들이 새로 태어난 사람에게 주입 교육으로 받아들여진 기억 마음을 수온이라 합니다. 또한 슬픔, 고통, 즐거움 등과 같은 울음, 웃음 등이 포함되며 사람 마음·의미 속에 그림자처럼, 또는 실타래처럼 복잡하게 형성되어 있는 상태를 수온이라 합니다.

想蘊(상온)

상온, 불교 사전적인 의미는 "사람에게 사물을 상상(想像)하는 선악, 사(邪), 정(正)의 온갖 정상(情想)이 있다. 이것을 통털어 말함"이라 기록되어 있습니다. 오온을 다섯 개의 형상이라 하지만 실상은 분류된 다섯 개의 현상(現相)이 아니라 즉 색, 수, 상, 행, 식이 서로 엉키고 설켜 분류하기 어려운 상태인 것입니다. 그러므로 오온을 하나씩 분류된 객체로 본다는 것은 어렵습니다. 그런 연고로 상온은 앞의 색, 수의 작용으로 염(念)과 상(相)의 혼합 현상입니다. 한자 想(상)을 잘 살펴보면 '생각할 상'으로 생각이란 '生(생)'의 '움직임(覺)', 자세히 관찰하여 이해한다는 의미, 즉 念과 相의 움직임 작용을 상온이라 합니다.

예를 든다면 상온은 색온과 수온이 기초가 되어 작용하여 형성됩니다, 즉 아름다움 색상이라는 의미는 아름다움이란 수온과 색상이란 색과 빛의 인식이 혼합된 인식 작용인 것입니다. 빛과 색상은 원래 아름답거나 추한 것이 아니라 수온, 즉 과거로부터 전달 학습된, 인식된 지식이 된 念과 相으로 존재하고 작용하는 것이 상온으로 된 것이다.

行蘊(행온)

행온, 불교 사전적인 의미는 인도 산스크리트어로 samskara-skandha이며 행(움직임) 聚集(취집), 인연에 의하여 만들어지고 시간적으로 변화하는 것을 종류대로 모아서 한 뭉치를 이룬 것입니다. 유위법, 곧 오온은 모두 이 뜻이 있으며 행온 가운데는 다른 4온보다 이 조작(造作) 천류(遷流)하는 行의 뜻을 많이 가지고 있으므로 특히 行蘊(행온)이라 합니다. 설 일체유부에서는 46心所(심소)에서 受想(수상)을 제한 44와 불상응법 14를 합한 58법을 총칭하여 행온이라 합니다. 이것이 불교 용어 사전상의 '행온'에 대한 설명입니다.

행온이란 위의 색, 수, 상온을 원인으로 하여 행하여지는 현상입니다. 한 예로 펜을 들고 글을 쓴다고 할 때 그 행위 형상은 색과 수를 기반으로 상, 생각이 함께하여 글을 쓰는 행위가 행온인 것입니다.

걸음, 먹고 자는 것, 일하는 것, 얼굴 표정 등 모든 움직임은 색, 수, 상, 행의 연결로 나타나는 것입니다.

識蘊(식온)

식온, 인도어로는 vijana-skandha로서 "외계에 대하여 사물의 총상을 식별하는 마음의 본체", 이것이 불교사전적인 의미입니다. 識蘊(식온)이란 앞의 4온 즉 색, 수, 상, 행의 결과로 인식 분별하는 기억적, 염상(念相)적인 현상입니다.

위에서 오온에 대하여 살펴보았는데 다시 살피면 금강경의 제 3분에서의 '소유일체 중생지류'와 같은 의미로 볼 수 있습니다. 간단한 표현으로 한다면 사람 내면의 모든 마음·생각을 오온이라고도 볼 수 있습니다.

다음은 '사리자 색불이공 공불이색 색즉시공 공즉시색수상행식 역부여시'에서의 역부여시에 대해 알아보겠습니다.

亦復如是(역부여시)

역부여시, 여기서 역부여시의 의미는 무엇인가?

앞부분 '색불이공'에서 '공즉시색수상행식'의 내용 의미와 뒤에 오는 의미와 실체가 같다는 뜻입니다. 앞부분은 사람 외부에 있는 빛, 색과 공을 비유하여 내면의 색수상행식을 이해하라고 비유적으로 사리자에게 들려주는 설명인데, 이 설명으로는 부족할 것 같아서 다시 반복적으로 설명하여 주기 위하여 앞의 설명과 같은 이치로 뒤의 설명을 보고 이해하라는 의미가 바로 '역부여시'입니다.

舍利子 是諸法空相 不生不滅 不垢不淨 不增不減
사리자 시제법공상 불생불멸 불구부정 부증불감

여기서 사리자라고 호칭되어 있는 이유는 다시 외부에서 "사리자 본인 내면에서 앞의 내용으로 관찰하라", "다시 내면으로 들어가라"는 의미로 사리자를 호칭하고 있는 것입니다.

사리자여! 앞부분 내용을 비교하여 뒤의 것을 보라, 앞부분에서 즉 관자재보살부터 공즉시색수상행식까지의 내용, 이것은 모두가 보는 자와 대상으로 나누어져 있는 것이 아니라 둘 다 상대적일 뿐이고, 대상이 사라지면 보는 자도 없어지는 것이며, 이 모든 것은 없는 것처럼 있는 비존재의 공(空)이며 이것은 불생불멸, 불구부정, 부증불감이다. 이것은 탄생하거나 살아있지도 않으며, 변하거나 늙지도 않으며, 사라지거나 죽어 없어지지도 않으며, 더럽거나 惡(악)도 아니며 깨끗하거나 善(선)도 아니며, 커지거나 작아지지도 않으며 절대적 영원히 변화가 없다.

是故(시고)

시고, 이런 연유와 이치로

空中無色 無受想行識 無眼耳鼻舌身意
無色聲香味觸法 無眼界
공중무색 무수상행식 무안이비설신의 무색성향미촉법 무안계

    앞에서 '색불이공 공불이색'에서 "색, 빛과 색상은 공과 다르지 않다"라고 기록하고 있는데 여기서 한자 이(異; 다를 이, 괴이할 이), 이 문자 의미를 바르게 보아야 합니다. '괴이할 이'라는 의미는 논리 이론으로 설명 불가라는 의미를 내포합니다. 곧 빛과 색상은 공(空)과 동일하지는 않지만 괴이하게 같다는 의미입니다. 만약에 빛과 색상과 공이 동일, 또는 하나라면 색공동일(色空同一), 공색동일(空色同一)이나 색공일체(色空一切), 공색일체(空色一切)라고 표현 기록하였을 것입니다. 언어 문자로 표현하기 난해한 현상이므로 괴이하게 비슷하다, 또는 미묘하게 空은 色을 포함하고 色은 空을 포함하고 있는 것과 같다는 의미로 사용한 것입니다.

    이런 연고로,

空中無色(공중무색)

空 내면, 空 가운데는 빛과 색상이 없다, 빛과 어둠이 없다.

無受想行識(무수상행식)

공 내면, 공 가운데는 지식 전달, 생각 마음, 그 생각 마음을 움직이고 생각 마음을 인식 기억하는 것도 없다.

無眼耳鼻舌身意(무안이비설신의)

공 가운데 내면에는 눈, 귀, 코, 혀, 마음의 몸이란 생각 의미도 없다.

無色聲香味觸法(무색성향미촉법)

공 속 내면에는 빛과 어둠, 소리, 향기, 맛, 촉감의 법칙이 없다.

無眼界
무안계

공 속 내면에는 눈으로 보는 대상도 보는 자도 없다.

여기서 '공중무색'과 '공불이색'을 비교하여 보아야 합니다.

먼저 '공불이색'은 공과 색은 괴이하게 같다, 또는 다르지 않다, 하지만 동일하지는 않다. 공과 색이 다르지 않고 같다면 '색중무공'이나 '공중무색'이라 표현해도 될 것입니다. 하지만 '공불이색'이란 논리 이론으로 설명하기 어려운 괴이한 상태로서 비슷하다는 의미인 것입니다.

그럼 공중무색을 관찰하여 보겠습니다.

공에도 내부와 외부가 있는가?

공중(空中)은 공 가운데, 공 속, 공 내부라고 볼 수 있는데 그럼 공 속 내부는 어디고 외부는 어디인가? 공중무색이란 공에 대한 이해를 돕기 위하여 빛과 색상, 어둠과 빛을 비유로 설명하고 있는 것입니다.

예를 들어, 빛에도 외부와 내부가 있는가? 색상에도 외부와 내부가 있는가? 어둠에도 외부와 내부가 있는가? 시간에도 외부와 내부가 있는가? 허공에도 외부와 내부가 있는가? 우주에도 외부와 내부가 있는가? 이렇게 다시 비유하여 보면, 공은 남자인가 여자인가? 공은 죽어 있는가 살아있는가? 공은 큰가 작은가? 공은 어디에서 오고 어디로 가는가? 공은 생로병사 하는가? 공은 무게가 있는가?

공은 선인가 악인가? 공은 어디에 있는가? 공은 있는가, 없는가? 공이 하는 일은 무엇인가?

공은 상하좌우 높고 낮음이 있는가? 공은 존재인가 무존재인가, 아니면 비존재 비비존재인가?

乃至(내지)

(관자재보살에서 무안계까지) 무안계 뒤에 오는 내용을 무안계 앞쪽의 내용으로 비유하여 보면,

無意識界(무의식계)

공 속에는 생각 마음으로 아는 것이 없다.

無無明(무무명)

공 내부에서는 사람으로 태어나면서 아누다라삼막삼보리, 성불, 깨

달음을 가지지 못하고 태어나는 것도 없다.

亦無 無明盡(역무 무명진)

공 내에는 또한 사람으로 태어나면서부터 소유득아누다라삼막삼보리(해탈, 깨달음, 성불, 정각)가 없는 것을 없게도 할 수 없다.

乃至(내지)

앞의 내용으로부터 뒤에 오는 것들은

無老死(무노사)

공 속에서는 늙고 죽음도 없다, 공 속에서는 탄생, 성장, 늙음, 병듬, 죽음이 없다.

亦無老死盡(역무노사진)

또한 공 속에서는 늙고 병들어 죽는 것을 예방할 필요도, 막지도 못한다.

無苦集滅道(무고집멸도)

공 속에서는 아픔, 고통의 조각조각들의 결합체를 소멸시킬 길이 없다. 공 속에서는 아픔, 고통의 조각조각들이 없으므로 없는 것을 소멸시킬 수 없다.

無智亦無得(무지역무득)

공 속에서는 지혜도 없고 또한 지혜가 없으므로 지혜를 얻지 못함도 없다. 공 속에서는 어둠도 밝음도 없으므로 어둠을 물리치거나 밝음을 밝힐 수도 없다. 공속에서는 눈도 없고 보이는 대상도 없으므로 바르게 봄(정관)도 잘못 봄도 없다.

以無所得故(이무소득고)

공 속에서는 소유하고 얻을 것이 아무것도 없으므로 하여

菩提薩埵(보리살타)

아누다라삼막삼보리를 발견관 하고자 하면, 무상정등정각, 성불, 득도, 해탈, 견성하고자 하는 자는

依般若波羅蜜多故(의반야바라밀다고)

앞의 내용을 항상 몸에 입은 옷처럼 하여 의지하고 항상 그 속에 머문다면 그 머뭄의 이유로 인하여

心無罣碍 無罣碍故
심무가애 무가애고

여기서는 괘(가)에 대해 그 의미를 바르게 보아야 한다.

罣; 그물 괘, 걸릴 괘, 거리낄 괘, 걸릴 괘(전통적인 음은 '가'로 읽는다)

碍; 막을 애, 방해 애, 거리낄 애로 이 한자의 원자는 礙인데 여기서는 속자로 기록 하였다. 이 문자 속에는 의심이 돌처럼 단단하다, 그 의심으로 바르게 보는 눈이 가려져 보지 못한다. 더 이상 성숙 성장할 수 없다 라는 의미를 지닌 문자이다.

앞의 모든 내용을 이해 체득하므로,

心無罣碍(심무가애)

과거로부터 전하여 오는 모든 지식으로 물든 의식 마음이 없어져 무심, 무아가 되어 어떤 지식 그물에도 걸리거나 걸리지 않고 그 지식을 모방하여 그 지식과 다르다는 단단한 바위 같은 의심에 막히고 해로우며 한정된 것이 끝나고 없어진다.

無罣碍故(무가애고)

과거로부터 전하여 내려오는 이 세상 모든 지식으로 물든 의식 마음이 없어져 무심(無心), 무아(無我)가 되어 현재, 미래에 새롭게 만들어지는 지식의 그물에도 걸리거나 걸리지 않고 그 지식을 모방 소유하여 그 지식과 비교하여 다르다는 단단한 바위 같은 의심에 막히고 해로우며 한정된 것이 끝나고 없어짐, 소멸됨의 이유 연고로 인하여

無有恐怖(무유공포)

죽을까봐 고통스러워하는 몸에 아픔과 혼돈 되어있는 마음과의 동일시에서 벗어나고

遠離顚倒夢想(원리전도몽상)

몸에 걸친 장삼옷자락 같고, 발자국만 남기고 떠난 작은 새들 같고, 깊은 밤 깊은 잠속에서 꾸는 꿈같고, 입에는 칼을 물고 거꾸로 매달려서 허둥대는 몸 같다는 머리 이마 속 모든 생각, 마음의 조각들을 떨쳐버리고

究竟涅槃(구경열반)

세밀한 탐구를 마치고 흙의 먼지가루에 물을 부어 반죽하여 가루가 변한 것처럼 내면의 모든 마음들이 변하여 과거의 마음은 죽어 사라지고 기쁨이 항상 하였다.

三世諸佛(삼세제불)

과거, 현재, 미래에 부처가 되기 위하여 모두 반드시 통과하여야 하는 문은,

依般若波羅蜜多(의반야바라밀다)

위의 내용을 이해·체득하여야만 견성, 성불, 정등각을 이룰 수 있다는 것이다. 다른 문, 다른 길은 없다, 오직 위의 내용 실체를 체득하여야만 한다.

故得(고득)

이런 이유와 연고로 즉, 위의 내용 의미 실체를 이해 체득함으로 발견관하여 얻을 것이다.

阿耨多羅三藐三菩提
아누다라삼막삼보리

　　사람은 태어날 때 나체로 태어납니다. 홀로 태어납니다. 형제, 가족, 친구, 애인도 없이 오로지 개인 홀로 태어납니다. 그리고 몸은 성장하여 늙어가고 죽어갑니다. 홀로인 그 육신의 몸에 실오라기 하나 걸치지 않은 상태에서 온 몸은 눈으로 볼 수 없고, 손으로 잡을 수 없는 투명하고 질긴 밧줄로 포박당하여 스스로 조금도 움직일 수 없는 그런 상태로 어둠이 깊어 눈으로는 무엇도 볼 수 없는 깜깜한 밤에 수풀과 가시덤불이 무성한 강 주변의 산 속에서 호랑이, 늑대, 표범, 뱀, 지네, 전갈, 지렁이, 귀신, 도깨비 등이 버려진 나의 몸을 잡아 먹기 위해 털과 발톱을 세우고 으르릉 거리며 지네와 뱀 등은 내 몸의 구멍, 눈, 귀, 코, 입, 항문으로 파고들고 하늘에는 독수리, 부엉이, 검은 까마귀가 몸 가까이에서 소리 내고 날며 호시탐탐 내 몸을 뜯어 먹기 위하여 기회를 엿보고, 주변에는 나를 도와줄 수 있는 사람은 하나도 없고 오로지 홀로 포박 당하여 버려진 상태로 혼절, 기절하기 직전, 죽음의 두려움, 공포의 참을 수 없는 고통 속에서 벌벌 떨고 있는 이런 상황에서 알 수 없는 연유로 순간적으로 나를 포박하고 있는 모든 그물과 밧줄은 사라지고 몸은 자유로워지며 어둠도 사라지고 환한 햇빛이 온 천지를 비추어 주고 주변의 모든 흙, 물, 나무와 나를 잡아먹기 위해 으르렁대고 울부짖던 모든 적들이 나를 환영하여 주고 추앙하듯 나를 우러러 보고 나를 따르고 환영하는 기쁨의 노래… 춤을 추고 근심, 걱정, 두려움, 공포 하나 없는 그런 마음과 느낌 속에서 새로이 태어나 죽음이 없는 그런 것으로 변하고 자연 속의 하늘, 땅, 사람, 바람, 비, 강물, 바다, 나무, 생물체, 무생물체, 소리, 빛, 어둠, 시간 모두가 나라는 것을 보고 아는 상태가 바로 아누다라삼막삼보리란 문자 단어 속의 비유적인 의미 실체입니다.

故知(고지)

앞의 내용 전체가 원인 결과로 하여 알라.

般若波羅蜜多(반야바라밀다)

이 마하반야바라밀다심경 전체 내용 실체는 아래와 같다.

是大神呪 是大明呪 是無上呪 是無等等呪
시대신주 시대명주 시무상주 시무등등주

　여기서 주(呪), 이 한자 속 실체적인 의미 해석이 참으로 난해합니다. 중국에서 삼장법사가 인도어를 번역하면서 무슨 의미로 呪, 이 글자로 기록하였는지 그 의도를 이해하기 난해한 것입니다. 呪, 이 글자의 옥편적인 내용은 '저주할 주'라고 되어 있습니다. 저주(詛呪)란 단어 의미는 명사로서 미워하여 그에게 불행이나 재앙이 닥치기를 빔, 또는 '방자할 주'라고도 되어 있는데 헐뜯고 욕설함이란 의미의 글자입니다. 왜 이런 문자를 이 경에 기록하였는지 이해하기 어렵습니다. 그리고 한국 불교에서는 이 '저주할 주'를 '주문'이라 번역하고 있습니다. 주문(呪文)이란 주술을 부릴 때 외우는 글귀를 주문이라 합니다.
　그렇다면 앞의 반야심경 내용이 주술이란 의미인가?

아닙니다. 반야심경의 내용은 주술이 아니라 인간 내면의 궁극에 대한 설명 안내문이다. 그런데 그 설명 안내문을 주술이라 할 수 없습니다. 주술, 주문을 다른 표현으로는 진언이라 하기도 합니다. 진언이란 부처님 말씀이란 의미입니다. 그러면 여기서 呪(주)라는 의미를 부처님 말씀이란 의미로 본다면 올바른 의미로 볼 수도 있을 것입니다.

呪, 이 한자는 '祝(축)' 즉, 빌(소원) 축, 축문 축(제사 지낼 때 제주의 소원 찬탄), 끊을 축이란 의미를 포함합니다. 한자 옥편에서는 呪(주), 이 글자는 祝(축)의 '생략형'으로 기록하고 있습니다.

祝(빌 축), 이 문자의 쓰임새를 살펴보면,

祝文(축문); 제사지낼 때 신명에게 고하는 글,

祝福(축복); 앞 길, 즉 미래의 행복을 빔,

祝願(축원); 신불에게 자기의 뜻을 아뢰고 그것을 성취시켜주기를 바라는 일, 또는 축원하는 뜻을 적은 글,

祝儀(축의); 축하하는 의식,

이런 연고로 呪(주), 이 한자 속의 의미를 관찰하여 보았을 때 여기 반야심경 기록물 내에서는 어떻게 이해하는 것이 올바른 것인지 살펴보면 될 것입니다.

이 반야바라밀다 기록물은 스승 부처님이 사리자와 중생에게 주는 법보시로서 이 반야심경은 궁극의 시대신주(是大神呪), 가장 큰 영혼의 축복이며 축원인 것입니다.

是大明呪(시대명주)

이 반야심경은 가장 크게 비추어 주어 밝히는 이승(현세)의 축복이고 축원이다.

是無上呪(시무상주)

이 반야심경은 더 이상 높음이 없는 궁극의 축복이고 축원이다.

是無等等呪(시무등등주)

이 반야심경의 실체는 가장 크고, 가장 밝고 높은 축복, 축원으로 이와 같은 수준 등급의 내용 실체는 유일무이한 축복, 축원이다.

여기서 한국 불교가 번역하고 있는 의미로 주문이라고 해석한다면 이치에 맞지 않습니다. 반야심경의 본문내용을 주문, 즉 주술을 부릴 때 외우는 기록물 글귀라고 해석한다면 올바르지 못합니다. 과거와 현재 역사 속에서 반야심경을 주문, 주술로 하여 깨달음, 해탈, 득도, 성불, 득아누다라삼막삼보리 하였다는 기록 증거는 찾아보기 어렵습니다. 반야심경 본문을 탐구하여 이해하여야할 내용이지 신비, 기적을 만드는 주문이나 주술은 아닙니다. 본문 내용을 스스로 탐구하여 이해 체득하라고 하신 스승 부처님 육성의 가르침인 것입니다.

能除一切苦
능제일체고

　사리자, 중생 모두가 먼 과거로부터 전염되어 내면에 있는 오온(마음)의 재앙을 버리고 물리치고 제거시켜 주며 이 반야심경, 앞의 내용은 참으로 사실이고 거짓이 아니며 약하거나 헛되지 않으니 의심하지 말고 이해 체득하라.

　사리자와 과거 현재 미래의 중생 모두의 내면에 있는 오온(마음)과의 동일시에서 벗어나 관자재보살이(스스로 보는 자) 되게 하여 줍니다.

故說(고설)
위와 같은 연고, 이유로 다시 말하여 주리라.

般若波羅蜜多呪(반야바라밀다주)

반야심경 내용 전체의 축복, 축원은 이러하다.

卽說呪曰(즉설주왈)

반야바라밀다 축원·축복을 말하노니 잘 보고 잘 들으라.

揭諦揭諦婆羅揭諦 婆羅僧揭諦 菩提 裟婆訶
아제아제 바라아제 바라승아제 모지 사바하

갔다, 갔다 아주 갔다, 저 너머로 아주 갔다, 영원히 갔다.

너희들을 이끌 것이다, 기쁨의 춤을 추라.

오온의 동일시에서 떠났다, 오온의 동일시에서 떠났다. 동일시에서 완전히 벗어났다.

우주와 하나 되었다, 영원한 우주가 되었다.

스스로 보는 자가 항상 이끌 것이다.

아누다라삼막삼보리를 성취하였다, 환희의 기쁨 영원하도다.

摩訶般若波羅蜜多心經

마하반야바라밀다심경

이 제목의 내용, 의미 실체는 본문 전체를 보고 이해하므로 제목의 의미가 보여질 것입니다. 이 제목은 스승 부처님이 작명한 것이 아니라 누군지 모르는 이 기록물 작성자들이 작명 기록한 문장이라는 것을 보아야 합니다.

摩訶般若波羅蜜多心經, 제목의 의미는 반야바라밀다(무심·무아 속에서 피어나는 꽃)는 한번 피면 다시 시들고 지는 꽃이 아니라 영원토록 피어서 그 향이 우주로 퍼진다는 뜻입니다.

제목은 인도 산스크리트어 세 단어와 한문의 조합(마하, 반야, 바라밀다)으로 기록되어 있습니다. 마하는 무한한, 큰, 많은 이란 의미, 즉 "오온의 마음 너머 무심, 무아에서 피어나는 향기는 무한히 크고 많아 온 우주와 하나 된다"라는 의미입니다.

摩訶般若波羅蜜多心經 마하반야바라밀다심경
한자 공부

摩 마, 갈 마, 어루만질 마, 닳아 없어질 마. rub : polish 麻마비할 마, 삼마, 麻醉(마취) 마취시키다

訶 가, 꾸짖을 가 인데 반야경에서는 하로 발음됨 言말씀언 可옳을 가, 허락할 가, 가히 가, 좋은 점가, 丁 못정, 못박을 정의 합자. blame : ridicule

般 반 옮길 반, 돌아올 반, 나를 반, 돌 반, 올릴 반, 일반 반, 舟(주)와 殳(지)의 합자 손으로 배를 움직여 돌림의 뜻 船(배선 자)와 혼동하지 말길 바람. 옷깃 선이라 고도함. remove

若 야, 야 같을 약, 너 약, 만약 약, 어조사 약, 반야 야, 절 야, ++(풀초)와 右의 합자 야채를 골라 취함의 뜻. same

波 파, 물결 파, 움직일 파인데 바로 발음됨 波動파동: 물결의 움직

임 波紋파문: 물결의 무늬 어떤 일로 말미암아 다른 데에 문제를 일으키는 영향. waves

羅 라, 늘어설 라, 그물칠 라, 그물 라, 비단 라, 새그물 라, 그물과 새 추의 합자 그물로 잡음의 뜻. silk : net

蜜 밀, 꿀밀(벌꿀) 蜜語밀어: 달콤한 말 특히 남녀 간의 정담. 蜜月밀월: 신혼 뒤의 한 달 동안 虫벌레 충, 벌레 훼. 살모사가 몸을 서리고 있는 것을 본뜸. honey

多 다, 많을 다, 夕저녁 석을 둘 합쳐 일수가 많음을 나타냄. 月에서 한 획을 줄여서 달이 뜨려고 하는 무렵 즉, 저녁을 나타냄. abundant

心 심, 마음 심, 염통 심, 가운데 심, 근본 심, 심장을 본뜬 글자. mind

經 경, 날 경, 지날 경, 다스릴 경, 경서 경, 불경 경. passby : classic book 經驗경험: 실제로 보고 듣고 겪음

觀 관, 생각 관, 견해 관, 모양 관, 보일 관, 풀숲에서 작은 새가 숨어서 우는 것을 봄. behold : gaze

自 자, 스스로자, 몸소 자, 저절로 자, 부터 자. self : private 目눈목 자 위에 丶주 심지 주, 등불 주 합자

在 재, 있을 재, 살 재(살아있음) 才재주 재가 음을 나타냄. be : stay

菩 보, 보살 보, 보리 보, lime-tree (인도어 bodhi의 음역 菩提)

薩 살, 보살 살 buddhist saint 보살이란 무아통자를 말함

行 행, 다닐 행, 걸을 행, 행실 행, 길가 행, 오행 행, 사람이 보행하는 곳, 느낄 감의 뜻이 포함됨. perform : go

深 심, 깊을 심, 깊이할 심, 깊이 심. deep

般 반, 옮길 반, 돌아올 반, 돌아갈 반. 나를 반, 돌 반, 돌릴 반, 일반 반. remov

若 야 같을 약, 너 약, 만약 약, 어조사 약, 반야 야, 절 야. same

波 파, 인데 바로 발음됨 물결 파, 움직일 파. waves

羅 라 늘어설 라, 그물칠 라, 그물 라, 새그물 라, 비단 라. silk : net

蜜 밀, 꿀밀 (벌꿀). honey

多 다, 많을 다. abundant 夕저녁 석, 밤 석(夜), 옛 석, 기울 석, 月달에서 한 획을 줄여서 달이 뜨려고 하는 무렵 즉 저녁을 나타냄.

時 시, 때 시, (시간)철시, (계절). time : period

照 조, 비출 조, 비칠 조, 빛 조. illumine

見 견, 볼 견, 뵐 현, 보일 견, 나타날 현, 드러날 현. 사람이 눈을 움직이고 있는 모양을 본뜸 see : observe

五 오, 다섯 오. five

蘊 온, 쌓을 온(축척된), 속내 온. pile up

皆 개, 다 개(모두 전부) 많은 사람이 입을 모아 찬성함의 뜻. all : every

空 공, 빌 공 (텅빔 상태) 하늘 공, 헛될 공, 쓸데없을 공, 클 공. empty sky

度 도, 법도 도, 자 도, 국량 도, 도수 도, 회수 도, 단위 도,건널 도, 헤아릴 탁. institutions

切 체, 모두 체, 온통 체, 끈을 절, 벨 절, 썰 절, 갈 절, 문지를 절, 정성스러울 절, 적절할 절, 절실할 절, 떨어질 절. cut

苦 고, 괴로울 고(고통아픔),쓸 고(쓰다), bitter

厄 액, 재앙 액, 액 액. misfortune

舍 사, 집 사, 폐할 사, 놓을 사, 베풀 사, 쉴 사(휴식). 쉼과 놓음의 뜻이 됨. house

利 리, 이로울 리, 이익 리, 날카로울 리, 통할 리, 변리 리, 이길 리, 刀와 和의 생략형의 합자. 예리한 칼은 단련이 잘 조화 되지 않으면 안됨의 뜻. benetit

子 자, 아들 자, 첫째 자, 지지 자, 자각 자, 새끼 자, 열매 자, 씨 자, 당신 자, 자네 자, 임자, 어조사자, 사람 자, 갓난 아기의 모습 머리와 양손 다리(기저기를 하고 있기 때문에 하나로되어 있음)를 본뜬 글자. son

色 색, 빛 색, 낯 색, 색 색, 낯변할 색, 갈래 색(사람 顏色안색)의 뜻. colour

不 불, 없을 불, 못할 불, 아니할 부, 아닐 부, 아닌가 부, 새가 하늘로 향하여 올라가는 모양을 본뜬 글자. not

異 이, 다를 이, 괴이할 이, 양손으로 물건 나누어줌의 뜻. 전하여 다름의 뜻이 됨. different : strange

空 공, 빌 공, 하늘 공, 헛될 공, 쓸데없을 공, 클 공 empty sky 空間 공간: 집의 쓰지 않고 비워둔 공간. 하늘과 땅 사이 상하좌우 전후 무한하게 퍼져있는 빈 곳.

空 공, 上同(위와 같음)

不 불, 못할 불, 없을 불, 아니 불, 아닌가 부, 아니할 부. 새가 하늘을 향하여 날아올라 가는 모양을 본뜸. not

異 이, 다를 이, 괴이할 이, 양손으로 물건을 나누어줌의 뜻. 전하여 다름의 뜻이 됨. different : strange

色 색, 빛 색, 색 색, 낯 색, 낯변할 색, 갈래 색, 사람의 안색(顔色)의 뜻. colour

色 색, 上同

卽 즉, 곧 즉, 이제 즉(지금 시간), 즉 즉, 나아갈 즉. 경전 속 한자는 약자임. 사람이 무릎을 꿇고 밥상 앞에 앉아 있는 모양을 본뜬 글자. namely

是 시, 이 시, 옳을 시. this : right yes. 日(날일)과 正(바를 정)의 합자. 즉, 태양의 운행은 바름의 뜻. 是認: 옳다고 인정함

空 공, 빌 공, 하늘 공, 헛될 공, 쓸데없을 공, 클 공. empty: sky

空 공, 上同

卽 즉, 곧 즉, 이제 즉, 나아갈 즉. namely

是 시, 이 시, 옳을 시. 日과 正의 합자 태양의 운행은 바름의 뜻. this : right : yes

色 색, 빛 색, 낯 색, 색 색, 낯변할 색, 갈래 색, colour

受 수, 받을 수. 위에서 건네는 것을 밑에서 받음의 뜻. receive

想 상, 생각 상, 생각할 상(움직임이 있다 相자는 서로 상, 볼 상, 도울 상, 모습 상, 모양 상, 정승상임) 혼돈 하지 말고 보시길 바람.

行 행, 다닐 행, 걸을 행, 행실 행, 길가 행, 오행 행. perform : go

識 식, 알 식, 식견 식, 적은 지, know : acquainted with

亦 역, 또 역, 또한 역, 클 혁, 사람의 양 옆구리를 나타냄. too

復 부, 다시 부, 회복할 복, 돌이킬 복, 대답할 복, 갚을 복, 되풀이할 복. come back

如 여, 같을 여, 어떠할 여, 갈 여, 만일 여, 어조사여. likewise

是 시, 이시, 옳을시. this : right : yes

舍 사, 집사, 둘 석, 폐할 사, 놓을 사, 베풀 사, 쉴사, 지붕과 토대를 그린 집의 모양을 본뜸 쉼의 뜻 놓음의 뜻이 됨. house

利 리, 이로울 리, 이익 리, 날카로울 리, 통할 리, 변리 리, 이길 리. benetit

子 자, 아들 자, 새끼 자, 열매 자, 씨 자, 자각 자, 당신 자, 자네 자, 임 자, 어조사 자, 사람 자, 첫째지지 자. son

是 시, 이 시, 옳을 시. this : right : yes

諸 제, 모두 제, 모든 제, 본음은 저, 者놈 자음을 나타냄. 者는 사람 자, 놈 자, 것 자, 어조사 자, 自(자)의 생략형을 바탕으로 전음이 음을 나타냄. all : every

法 법, 법 법, 굴 법, 본받을 법. law : rule

空 공, 빌 공, 하늘 공, 헛될 공, 쓸데없을 공, 클공. empty : sky

相 상, 서로 상, 볼 상, 도울 상, 모습 상, 모양 상, 저승 상. 나무 위에 올라 보면 잘 보임의 뜻. mutual : assive

不 불, 아닐 부, 아닌가 부, 아니할 부, 못할 부, 없을 불. 새가 하늘을 향하여 올라가는 모양을 본뜸. not

生 생, 날 생, 살 생, 삶 생, 자랄 생, 설 생. 날것의 생. life : live

不 불, 아닐 부, 아닌가 부, 아니할 부, 못할 부, 없을 불. not

滅 멸, 멸망할 멸, 죽을 멸, 불거질 멸, 다할 멸, 없어질 멸. destroy

不 불, 아닐 부, 아닌가 부, 아니할 부, 못할 부, 없을 불. not

垢 구, 때 구, 더러울 구, 때묻을 구, 土와 后황후 후, 임금 후, 사직 후, 뒤 후의 합자. dirt

不 부, 아닐 부, 아닌가 부, 아니할 부, 못할 불, 없을 불. not

增 증, 더할 증, 많을 증. be more

不 불, 못할 부, 없을 불, 아닐 부, 아닌가 부, 아니할 부. not

減 감, 덜 감, 감할 감, 減 이 자는 약자임. clessen : decrease

是 시, 이 시, 옳을 시. this : right : yes

故 고, 일 고, 연고 고, 예 고, 죽을 고, 고로 고. reason : ancient

空 공, 빌 공, 하늘 공, 헛될 공, 쓸데없을 공, 클 공 empty : sky

中 중, 가운데 중, 속 중, 사이 중, 범위 중, 진행 중. midst : in

無 무, 없을 무. none

色 색, 빛 색, 낯 색, 색 색, 낯변할 색, 갈래 색. colour

無 무, 없을 무. none

受 수, 받을 수 위에서(과거로부터 내려온) 건네는 것을 밑에서 받음의 뜻. receive

想 상, 생각 상, 생각할 상. 이 자의 의미이해 경전 이해에 큰 영향을 줌. 동사임. 念과 相의 작용상태와 움직임 현상. read (a person's) physiognomy

行 행, 다닐 행, 걸을 행, 행실 행, 길가 행, 오행 행. perform : go

識 식, 알 식, 식견 식, 앎 지식. knowi : acquainted with

無 무, 없을 무, 무 존재. none

眼 안, 눈 안, 고동 안, 艮의 전음이 음을 나타냄. 艮(간)과 목(목) 匕(비)의 합자 즉, 비수로 찌르듯 응시함의 뜻. eye

耳 이, 귀 이, 뿐 이, 어조사 이. ear

鼻 비, 코 비, 시초 비. nose

舌 설, 혀 설, 말 설. tongue

身 신, 몸 신, 애밸 신. body : noeself

意 의, 뜻 의, 한숨쉴 희. 音과 心합자. intention

無 무, 없을 무. none

色 색, 빛 색, 낯 색, 색 색, 사람의 마디와 사람의 합자. colour

聲 성, 소리 성, 목소리 성, 풍류 성, 노래 성. sound : voice

香 향, 향기 향. 기장과 달감의 합자. 기장을 삶을 때 향기로움의

향, fragrance

味 미, 맛 미, 맛볼 미, 맛들일 미, 기분 미, 뜻 미, 취향 미. taste

觸 촉, 닿을 촉, 범할 촉, 蜀(촉)이 음을 나타냄 나비애벌래 촉. touch

法 법, 법 법, 본받을 법, 골법. law : rule

無 무, 없을 무. none

眼 안, 눈 안, 고동 안. eye

界 계, 지경 계, 한계 계, 둘레 계. boundary : limit

乃 내, 이어내, 곧 내, 너 내, 접때 내, 말을 하려고 하면서 주저 하는 느낌을 주는 상태를 나타냄. hereupon

至 지, 이를지, 지극할 지, 절기지 새가 땅을 향하여 내려앉는 모양 새가 땅에 이름의 뜻 reach : iarrive

無 무, 없을 무. none

意 의, 뜻의, 한숨쉴 휘. 音과 心의 합자. intention

識 식, 알 식, 식견 식, 앎. knowi : acquainted with

界 계, 지경 계, 한계 계, 둘레 계. boundary : limit

無 무, 없을 무. none

無 무, 없을 무. none

明 명, 밝을 명, 똑똑할 명, 밝힐 명, 이승 명. bright : clear

亦 역, 또 역, 또한 역, 클 혁, 사람의 옆구리를 나타냄. too

無 무, 없을 무. none

無 무, 없을 무. none

明 명, 밝을 명, 똑똑할 명, 밝힐 명, 이승 명. bright : clear

盡 진, 다할 진, 그릇 속이 비었음의 뜻. exhaust : entirely

乃 내, 이어 내, 곧 내, 너 내, 말을 하려고 하면서 주저 하는 느낌을 주는 상태를 나타냄 hereupon

至 지, 이를 지, 지극할 지, 절기 지. reach : arrive

無 무, 없을 무. neno

老 로, 늙을 로, 늙은 로, 이숙할 로, 어른 로. old : death

死 사, 죽을 사, 다할 사, 사람이 정상이 아니고 뼈(骨)가 되었음의 뜻. die : death

亦 역, 또 역, 또한 역, 클 혁 too

無 무, 없을 무 none

老 노, 늙을 로, 늙은이 로, 이숙할 로, 어른 로. old : aged

死 사, 죽을 사, 다할 사. die : death

盡 진, 다할 진, 그릇속이 비었음의 뜻. exhaust : entirely

無 무, 없을 무. none

苦 고, 괴로울 고, 쓸 고. bitter

集 집, 모을 집, 모일 집, 이룰 집, 새가 많이 모임의 뜻. gather : together

滅 멸, 멸망할 멸, 죽을 멸, 다할 멸, 없어질 멸. destroy

道 도, 길 도, 도 도, 순할 도, 말할 도, 말미암을 도. road : way :

truth

無 무, 없을 무. none

智 지, 슬기 지, (知)알 지, 알릴 지, 깨달을지, 口와 矢(화살시)의 합자 사람의 말을 듣고 화살처럼 거침없이 깨달음의 뜻. wisdom

亦 역, 또 역, 또한 역, 클 혁, 사람의 옆구리를 나타냄. too

無 무, 없을 무. none

得 득, 얻을 득, 탐할 득, 만족할 득, 화폐를 손에 넣음의 뜻 이익의 뜻이 됨. gain

以 이, 써 이, ~부터 이, 까닭 이. with

無 무, 없을 무. none

所 소, 바 소, 곳 소, 처서 소. place

得 득, 얻을 득, 탐할 득, 만족할 득, 이득의 뜻이 됨. gain

故 고, 일 고, 연고 고, 죽을 고, 집 고, 고로 고. reason : antcient

菩 보, 보살 보, 보리 보. lime-tree

提 제, 끌 제, 들 제, 옥편에서는 제로 찾아야 됨. 반야경에서는 '리'로 발음되고 있음. raise

薩 살, 보살 살. buddhist saint

埵 타, 단단한 흙 타, 垂 드리울 수, 거의 수, 모범수 와 土의 합자

依 의, 의지할 의, 기댈 의, 쫓을 의, 따를 의. depending open

般 반, 옮길 반, 돌아올 반, 나를 반, 돌 반, 돌릴 반, 일반 반, 船(배 선)자와 혼돈하지 말길 바람. 손으로 배를 움직여 돌림의 뜻.

remove

若 야, 같을 약, 너 약, 만약 약, 어조사 약, 반야야, 절야 풀과 오른손의 합자 야채를 골라 취함의 뜻. same

波 파, 물결 파, 움직일 파, 반야경에서는 '바'로 발음됨. 波動파동 : 물결의 움직임. 波紋파문 : 물결의 무늬 즉, 어떤 일로 말미암아 다른 데에 문제를 일으키는 영향. waves

羅 라, 늘어설 라, 그물칠 라, 그물 라, 비단 라, 새그물 라, 그물과 새의 합자 그물로 잡음의 뜻. silk : net

蜜 밀, 꿀밀, 엎드릴 복, 잠잠할 밀, 必(필)과 虫(충)의 합자. honey 蜜語밀어: 달콤한 말. 특히 남녀 간에 정담. 蜜月밀월: 신혼 뒤의 한 달된 때. 虫: 벌레 충, 벌레 훼, 살모사가 몸을 서리고 있는 것을 본뜸.

多 다, 많을 다, 夕저녁 석 둘을 합쳐 일수가 많음을 나타냄. 많음의 뜻. abundant 月달 월에서 한 획을 줄여서 달이 뜨려고 하는 무렵 즉, 저녁을 나타냄.

故 고, 일 고, 연고 고, 죽을 고, 짐 고, 고로 고. reason : ancient

心 심, 마음 심, 염통 심, 근본 심, mind

無 무, 없을 무. none

罣 괘, 그물 괘, 걸릴 괘, 거리낄 괘, 반야경에서는 '가'로 발음함. 옥편에서 '괘'로 찾아야 나옴. fall into a snare

碍 애, 막을 애, 거리낄 애, 방해할 애, 礙의 약자. hinder injure

無 무, 없을 무. none

罣 괘, 그물 괘, 걸릴 괘, 거리낄 괘, 반야경에서는 가로 발음됨. fall into a snare

碍 애, 막을 애, 거리낄 애, 방해 애, 礙의 약자. hinder injure

故 고, 일 고, 연고 고, 죽을 고, 고로 고. reason : ancient

無 무, 없을 무. none

有 유, 있을 유, 가질 유, 또 유. is : have

恐 공, 두려울 공. fear

怖 포, 두려워할 포. fear

遠 원, 멀 원, 멀리할 원, 심오할 원. far : distant

離 리, 떠날 리, 흩어질 리, 만날 리. leave : separate

顚 전, 머리 전, 이마 전, 밑 전, 미칠 전, 넘어질 전, 뒤집힐 전. upset : turn over

倒 도, 넘어질 도, 넘어뜨릴 도, 꺼구로 도. upset

夢 몽, 꿈 몽, 꿈꿀 몽, 눈이 잘보이지 않음의 뜻. dream

想 상, 생각 상, 생각할 상, 生覺 염과 상의 작용 상태와 움직임 현상 동사임. read (a person's) physiognomy

究 구, 궁구할 구, 다할 구. inquiry

竟 경, 끝낼 경, 마침내 경, 다할 경. end : at last

涅 열, 개흙 렬, 검은물들일 렬, 옥편에서 렬로 찾아야 함. black mud

槃 반, 쟁반 반, 즐길 반, 般자와 혼돈 말길 바람. tray

三 삼, 석 삼. three

世 세, 내세, 세대 세, 세상 세, 인간 세, 평생 세, 백년 세, 맞 세. world

諸 제 ,모든 제. all : every

佛 불, 부처 불. buddha

依 의, 의지할 의, 기댈 의, 좇을 의, 따를 의. dependding open

般 반, 옮길 반, 돌아올 반, 나를 반, 돌 반, 돌리 반. remove

若 야, 같을 약, 너 약, 만약 약, 어조사 약, 반야 야, 절 야. same

波 파, 물결 파, 움직일 파, 경전에서는 '바'로 발음함. waves

羅 라, 늘어설 라, 그물칠 라 ,그물 라, 비단 라. silk : net

蜜 밀, 꿀 밀, 벌꿀을 말함. honey

多 다, 많을 다. abundant

故 고, 일 고, 연고 고, 죽을 고, 집 고, 고로 고. reason : ancient

得 득, 얻을 득, 탐할 득, 만족할 득, 이익의 뜻. gain

阿 아, 언덕아, 물가 아(水岸), 대답소리 하는 아. rever bank

耨 녹, 누 괭이 누(도구), 김맬 누, 호미 우, 옥편에서는 '누'로 나오나 경전에서 '녹'으로 발음됨. hoe

多 다, 많을 다. aubndant

羅 라, 늘어설 라, 그물칠 라, 그물 라, 비단 라. silk : net

三 삼, 석 삼. three

藐 막, 멀 막, 아름다울 막, 작을 묘. small : weak

三 삼, 석 삼. three

菩 보, 보살 보, 보리 보(나라는 생각, 남이라는 생각이 없는 경지에 이른 사람을 보살이라 함. 무아 체득 자). lime-tree(인도어 bodh의 음역)

提 제, 끌 제, 들 제, 경전에서는 '리'로 발음됨. raise

故 고, 일 고, 연고 고, 죽을 고, 집 고, 고로 고. reason : ancient

知 지, 알 지, 알릴 지, 깨달을 지, 맡을 지, 사람의 말을 듣고 화살처럼 거침없이 깨달음의 뜻. know

般 반, 옮길 반, 돌아올 반, 나를 반, 돌 반, 돌릴 반. remove

若 야, 반야 야, 절 야, 같을 약, 너 약, 만약 약, 어조사 약. same

波 파, 물결 파, 움직일 파. waves

羅 라, 그물 라, 비단 라, 늘어설 라, 그물칠 라. silk : net

蜜 밀, 꿀 밀, 달콤함. honey

多 다, 많을 다. abundant

是 시, 이 시, 옳을 시. this : right yes

大 대, 클 대, 대강 대. big

神 신, 귀신 신, 신령 신, 선선 신, 영묘할 신. god : spirit calamities

呪 주, 저주할 주, 祝축의 생략형 전음을 나타냄. 祝: 빌 축, 축문 축, 끓을 축. 示와 儿(사람) 口의 합자. 신을 섬기며 축문을 외우는 사람의 뜻. curse : spell

是 시, 이 시, 옳을 시. this : right : yes

大 대, 클 대, 대강 대. big

明 명, 밝을 명, 똑똑할 명, 밝힐 명, 이승 명. bright : clear

呪 주, 上同

是 시, 이 시, 옳을 시. this : right : yes

無 무, 없을 무. none

上 상, 위 상, 앞 상, 첫째 상, 임금 상, 높을 상, 오를 상, 올릴 상. uppen part

呪 주, 저주할 주. curse : spell

是 시, 이 시, 옳을 시. this : right : yes

無 무, 없을 무. none

等 등, 무리 등, 가지런할 등, 같을 등, 등급 등, 기다릴 등. grade : equal to

等 上同

呪 주, 저주할 주. curse: spell

能 능, 능할 능, 능히할 능, 재능 능. able to : ability

除 제, 덜 제, 나눔셈 제, 벼슬 제. divide : remove

一 일, 한 일, 하나 일, 첫째 일, 오로지 일, 같을 일, 온 일, 온통 일, 혹시 일, 만일 일. one

切 절, 끊을 절, 벨 절, 썰 절, 갈 절, 문지를 절, 정성스러울 절, 적적할 절, 절실할 절, 절박할 절, 떨어질 절, 모두 체, 온통 체. 경전

에서는 '체'로 발음됨. out

苦 고, 괴로울 고, 쓸 고. bitter

眞 진, 참 진, 참으로 진, 사진 진, true : real

實 실, 열매 실, 실제 실, 사실 실, 참될 실, 집안에 재화가 가득함의 뜻. fruit

不 불, 아니 불. not

虛 허, 빌 허, 헛될 허, 약할 허, 하늘 허. empty

故 고, 일 고, 연고 고, 죽을 고, 집 고, 연고 고.

說 설, 말씀 설, 달랠 세, 기뻐할 열, 벗을 탈. speak : talk

般 반, 옮길 반, 돌아올 반, 나를 반, 돌 반, 돌릴 반. remove

若 야, 반야 야, 절 야, 같을 약, 너 약, 만약 약, 어조사 약, same

波 파, 물결 파, 움직일 파, 경전에서는 바로 발음됨. waves

羅 라, 그물 라, 비단 라, 그물칠 라, 늘어설 라. silk : net

蜜 밀, 꿀밀(달콤함), 벌꿀, honey

多 다, 많을 다. abundant

呪 주, 저주할 주, 방자할 주, 욕설할 주, 祝(축)의 생략형 전음이 음을 나타냄

卽 즉, 곧 즉, 이제 즉, 즉 즉, 사람이 무릎을 꿇고 밥상 앞에 앉아있는 모양을 본뜬 글자. namely

說 설, 말씀 설, 댈랠 세, 기뻐할 열, 벗을 탈. speak : talk

呪 주, 저주할 주, 방자할 주, 욕설 주. curse part

曰 왈, 가로되 왈, 이를 왈, 말낼 왈, 입을 열어 말하는 모양을 나타냄. speak : it is said

揭 게, 들 게, 들어올림의 뜻 경전에서는 '아'로 발음됨 영어로는 가테로 발음됨, hoist

諦 체, 살필 체, 경전에서는 '제'로 발음함. judge

揭 게, 들 게, 높이 들어 올림의 뜻. 경전에서는 '아'로 발음됨. hoist

諦 체, 살필 체, 경전에서는 '제'로 발음함. judge

婆 파, 할머니 파, 춤추는 모양 파, 波(파)자로 기록된 경전은 오자이며, 경전에서 '바'로 발음됨. old woman 婆娑(파사): 춤추는 모양 옷자락이 바람에 나붓기는 모양.

羅 라, 그물 라, 비단 라, 그물칠 라, 늘어설 라. silk : net

揭 게, 들 게, 높이 들어 올림의 뜻. 경전에서는 '아'로 발음함. hoist

諦 체, 살필 체 주변을 살핌의 뜻. 경전에서는 '제'로 발음함. judge

婆 파, 할머니 파, 춤추는 모양 파, 경전에서는 '바'로 발음함.

羅 라, 그물 라, 비단 라, 그물칠 라, 늘어설라. silk : net

僧 승, 중승, 승려 승. monk

揭 게, 들게, 높이 들어 올림의 뜻 hoist 경전에서는 '아'로 발음함.

諦 체, 살필 체, 주변을 살핌의 뜻 경전에서는 '제'로 발음함. judge

菩 보, 보살 보, 보리 보. 경전에서는 '모'로 발음함.

提 제, 끌 제, 들 제, 끌어들이거나 들어간다는 의미 경전에서는 지로 발음 함. raise

娑 사, 춤출 사, 세상 사. flutering 娑婆(사바): 인도어 saba의 음역. 괴로움이 많은 이 세상 속세.

婆 파, 할머니 파, 춤추는 모양 파, 옷자락이 바람에 나붓기는 모양. 경전에서는 바로 발음함. old woman

訶 가, 꾸짖을 가, 叮옳을 가, 허락할 가, 좋은 점 가, 가음을 나타냄. 言과 叮의 합자 경전에서는 '하'로 발음됨 인도어 svaha(스바하)는 究竟 구경원만 성취의 뜻이 있으며 진언 즉 주문이나 다라니 끝에 붙여 성취를 구하는 언어이다. 신에게 재물(물건)을 바칠 때 인사로 쓰던 말이라고 한다.

사바하 성취 하소서 모든 것이 성취되었다, 사바하!!!

제2부

해탈열반시 해설

解脫 涅槃時(해탈 열반시) 모든 고통 벗어나 영원한 기쁨에 드는 길 해탈열반시와의 인연 서산대사 행장 解脫涅槃時(해탈열반시)란 의미는 凡人 人命終時(범인 인명종시) 但觀 伍蘊皆空(단관 오온개공) 但觀伍蘊皆空 四大無我(단관오온개공 사대무아) 四大無我 眞心無相 不去不來(사대무아 진심무상 불거불래) 생시성역불생 사시성역불거 담연원적 심경일여 但能如是 直下頓了(단능여시 직하돈료) 不爲三世所拘繫 便是出世自由人也 然則平常 是因 臨終 是果 須着眼看 但自無心 須着眼看(단자무심 수착안간)

解脫 涅槃時
해탈 열반시

서산대사 휴정 대사 저

凡人 臨命終時 但觀五蘊皆空 四大無我
범인 임명종시 단관오온개공 사대무아

眞心 無相 不去不來 生時 性亦不生
진심 무상 불거불래 생시 성역불생

死時 性亦不去 湛然圓寂 心境 一如
사시 성역불거 담연원적 심경일여

但能如是 直下頓了 不爲三世所拘繫
단능여시 직하돈료 불위삼세소구계

便是出世自有人也 若見論佛 無心隨去
변시출세자유인야 약견논불 무심수거

若見地獄 無心 怖畏 但自無心 同於法界
약견지옥 무심 포외 단자무심 동어법계

此卽是要節也 然則平常 是因 臨終
차즉시요절야 연즉평상 시인 임종

是果 須着眼看하라
시과 수착안간

休靜 西山大師 曰
휴정 서산대사 왈

해탈 열반시
모든 고통 벗어나 영원한 기쁨에 드는 길

지금 여기 산 자나, 죽어가는 자, 죽은 자, 보고 들으라.

지옥, 극락, 고통, 두려움, 공포, 선악이 있어도 모두 그림자라는 것을 보고 알라.

'나'라는 생각마음, 성자, 현인, 평인, 악인이라는 생각마음을 참으로 고요히 보라.

여러 사람 중에 한 사람의 여자나 남자로 태어나 살고 있다. 그 생각마음을 보라.

나는 지금 살아있고 죽어가고 있으며 언젠가는 죽을 것이다.

하지만 죽음은 싫고 두렵다는 그 생각마음을 지금 보라.

보면 사라지고 오거나 다시 사라지지 않을 것이다.

지금 여기 산 자나, 죽어가는 자, 죽은 자여.
다시 태어날 때에도 그 마음 다시 태어 나거나
죽을 때에도 없어지거나 어디로도 가지 않으며
너희들 그 모든 마음 넘어서면 깊은 연못물 같이
항상 고요히 큰 기쁨으로 가득하나니…

오직 이 글, 이 말을 듣고 보아 이해 체득하면
슬픔, 고통, 두려움의 삶 넘어서 다시 윤회 없는 영원 고요한 기쁨에 이르노니.

과거, 현재, 미래, 마음세상, 어디에도 걸리고 막힘 없어지고 윤회 사슬 끊고 생사에 자유로워라.

옳고 좋은 바른 말 듣고 보더라도 흔들리지 말고 거짓과 나쁜 말 보고 들어 두려움 고통이 올 지라도 오직 흔들리지 말고 바라보라.
여기 거기가 부처님 세상 이니라.

곧 이 글, 이 말, 요점은 산 자나, 죽어가는 자, 죽은 자, 모두 평상시에 이대로 항상 주시, 응시, 행심(行深)의 힘으로 임종(죽을) 시에 오는 결과이니
머리 백호에 발에 신은 신발처럼 몸에 입은 옷처럼 하여 항상 오온

을 지켜볼지니라.

_ 휴정 서산대사 어록 중

'해탈 열반시'와의 인연

지구 위 한민족의 깨달음 해탈 득도는 이것이었습니다.

한민족의 큰 스승 휴정(休靜) 서산대사님께 합장으로 머리 숙여 존경을 올리며 이 글을 씁니다.

이 글은 한국 고승 서산대사님의 〈선가귀감〉이란 자필 기록물 속에 기록 되어 있는 사람의 탄생, 삶, 죽음, 성불, 해탈에 관한 기록물로서 인류 역사 속에서 온 세상을 비추어 주는 거울 같은 귀중한 가르침입니다.

위의 내용은 2500 여년 전 스승 부처님 가르침의 모든 핵심적인 내용을 담고 있는 한국 고승 서산대사의 골수 같은 기록물입니다. 이 기록물은 한 인간의 기록물이 아니라, 사람의 능력을 초월한 신(神)보다 위대한 붓다의 큰 울음소리 같은 포효입니다. 이 글은 이 지구 위를

걸었던 수를 헤아릴 수 없는 무수한 인간들 그 누구보다 높고 완전한 스승의 포효 같은 꾸지람이며 시공을 초월한 가장 심원한 가르침입니다

이 글은 이 지구 위의 모든 인간종족이 가야 할 방향과 길을 안내하는 가장 완벽한 길입니다. 우리 한반도에서 이런 크고 완전한 보물이 탄생하였다는 것은 천운이며 우주가 베푼 은혜로운 기적일 뿐입니다.

이렇게 높고 완전한 잡티가 없는 스승 서산대사의 그 가르침이 어둠 속에 묻혀서 그 효능을 드러내지 못하고 시간과 공간 속에 잠들어 있었다는 것이 참으로 안타까울 뿐입니다. 항상 우리 곁에 너무나 가까이 있어도 그 누구도 올바르게 보고 알지 못하였던 그 보물에 포장지를 가르고 태양이 비추는 온 세상에 다시 드러내 눈 있는 사람이면 누구나 보고 사용할 수 있게 하여 보겠습니다.

저가 스승 휴정대사님의 글을 발견, 번역하는 것은 설명하기 어려운 전생의 인연이 있어 이렇게 이 글을 쓰고 있습니다.

글을 보는 독자님들에게 먼저 전하고자 하는 나의 바람은 이 글은 나의 글이 아니라 휴정 스승님의 글이며, 단지 필자는 서산대사 휴정님의 심부름 하는 역할에 지나지 않으며 이 글 속의 모든 설명은 분명하게 서산대사 휴정님의 글일 뿐이라는 사실입니다.

이 글은 지구인류 시작으로부터 현재 이 순간까지 표현되고 기록된 그 어떤 기록물보다 완전하며 더 이상 표현 될 수 없는, 인간이 도달

하고 가야 할 가장 완전한 표현 기록물입니다.

참고로 이 글은 반야심경과 유사하며 티벳의 〈바르도퇴돌(사자의 서)〉, 중국의 육조 혜능대사의 〈무상계〉 보다도 더욱 맑고 밝은 거울 같은 기록물입니다.

일반적으로는 서산대사라 많이들 호칭 하는 스승님이신데, 스승님에 대하여 세속적인 측면을 조금 살펴보고 이 글을 보면 이해하는데 도움이 될 것입니다.

스승님은 지금으로부터 약 오백 여년 전 한반도에 실존하였던 보살(佛菩薩)이십니다. 출가수행 법명은 휴정(休靜)입니다. 서산대사님의 인류에 빛나는 혼을 밝히고 후세에 올바른 등불이 되길 바라며 소승이 부족하나마 이 글을 기록하고자 합니다.

서산대사 행장

휴정 스승님은 1520년부터 1604년 동안 이 한국 땅에 살아 계셨던 한민족의 큰 스승 보살(菩薩)이었습니다. 과거 조선시대에 퇴폐해가는 부처 스승님의 가르침을 다시 재건한 민족의 큰 스승님이었습니다.

휴정대사님은 달마대사님의 가르침의 핵심인 선(禪: 지켜보기, 주시)의 맥을 이어 왔으며 중국 불교 선종 즉, 선 5종 가풍의 핵심을 체득하여 화두선법(話頭禪法: 말·글머리 지켜보기), 간화선(看話禪: 말과 글 의미 지켜보기), 조사선(祖師禪: 선조 앞선 스승님 지켜보고 따르기) 모두에 대하여 밝고 바르게 가르침을 전하여 주고 있습니다. 현 한국 불교는 바로 서산대사의 법맥을 이어 받아 흘러가고 있습니다.

휴정 스승님은 조선 중종15년 경진년(1520년) 3월에 평안도 안주에서 출생 하였으며, 속명은 원산 최씨 여신(汝信: 너와 사람을 바르게 보라), 법명은 휴정(休靜: 스스로 나무 아래서 조용히 앉아 아름답게 자신을 바라보고 있다)이며, 호는 청허(淸虛: 깨끗하게 비어 있다, 오직 지켜본다)이며 오랜 시간 평안도 서쪽에 있는 묘한 향기가 나는 산 묘향산에 기거하여 일반 세속 사람들이 서산대사라고 칭하였다.

부친은 최세창(世昌: 사람을 아름답게 성장케 한다)이며 고조선 왕릉 기자왕의 산소 무덤을 관리하는 참봉이었으며 자연과 우주에 대하여 찬미하는 노래 부르기를 즐겼다. 어머니는 김씨였고, 현모양처였다.

휴정 스승님은 이러한 가정에서 막내로 태어났다. 비문에는 늦게(부모 나이 40전후) 외독자로 태어난 것으로 기록되어 있으며, 서산대사의 문집 〈청허집〉에는 부모 나이40(동갑이다)에 4남매 중 셋째 아들로 태어난 것으로 되어 있다.

어릴 적 이름은 여신(汝信: 너와 타인을 바르게 보라), 운학(雲鶴: 흰구름 학같이 날아라)이었으며 한자 공부를 잘하여 한 자를 가르쳐주면 스스로 열 자를 보는 재주를 지녔다.

그의 나이 아홉에 어머니께서 돌아가시고, 열 살에는 아버님마저 돌아가셔서 고아가 되어 어린 시절을 보낼 때, 평안도 안주 군수로 있던 이사중이란 사람이 그의 놀라운 재주를 보고 미래에 훌륭한 인재가 될 것이라 여겨 친아들처럼 돌보아 키워주었다.

12세가 되었을 때 이사중을 따라 서울로 함께 동행하여 성균관에 입학 수학하였으며, 15세에 성균관 친구들과 지리산을 유람하던 중 숭인 장로를 만나게 되어, 그의 소개로 영관대사를 친견하게 되었다. 그는 영관대사 제자로 입문하여 수학한 지 3년 되던 18세에 자신의 마음을 보아 다음과 같은 게송을 남겼다.

忽聞杜宇啼窓外(홀문두자제창외)
긴 겨울 내내 말과 글을 보다 문득 독경소리에 내 마음을 보니
산과 흙 나무는 말·글 없이 아누다라삼막삼보리 속에 항상 그대로 이네

滿眼春山盡故鄉(만안춘산진고향)
내 안에서 나를 보니 눈앞에 보이는 모두가 봄 동산이고 고향이다.

약관의 나이(18세)였던 어느 날, 스스로 삭발(머리를 깎음)… 이 부분이 너무 중요하다. 스스로 삭발하였다는 것에 휴정님의 내면이 보인다. 전통과 계율에 따르지 않았다. 스스로의 본성을 따랐다.
이렇게 스스로 삭발하고 결심하였다. 차라리 평생을 바보 천치로 살지언정 결코 문자법사(문자놀이 하는 스승들), 글쟁이는 되지 않으리라.
그리하여 경성일선(慶聖一禪: 작은 먼지 같은 마음을 보는 다리 계단을 성스럽게 보는 홀로된 자) 선사를 수계사(계를 받음)로, 부용영관 선사

를 전법사(경전과 공부를 지도하는 스승)로, 숭인 장로를 양육사(먹고 입고 자는 것을 돌보아줌)하여 더욱 용맹정진 하여 법명을 휴정(休靜: 석가모니불처럼 나무 아래서 홀로 아무 분별 없이 고요히 아름답고 기쁘게 자신의 마음을 지켜보는 자)이라 하였다

그때 나이는 18세였다.(중국 육조 혜능대사도 일찍 부친을 여의고 홀어머니와 함께 살며 품팔이 나무꾼으로 23세에 자신의 성품을 보았다. 석가모니부처님은 29세에 출가 하였다.)

5년 후(23세 때), 지리산 자락 남원의 마을길을 가다 어느 가옥에서 우는 닭 울음소리를 듣고 아래 게송을 남겼다.

惡道頌(오도송)이다.(자신의 오온을 미간 사이에서 확연하게 보았다 즉 자신의 마음 너머를 보았다. 소리 너머를 보았다. 관자재, 관세음, 自觀자관, 스스로를 보았다.)

髮白非心白 古人曾漏洩(수백비심백 고인증누설)
늙어 죽어가면서도 스스로 마음을 보지 아니하고
과거 도사들은 눈물만 흘리고 안개처럼 사라져 갔다.

今聽一聲鷄 丈夫能事畢(금청일성계 장부능사필)
지금 여기 닭 울음소리 내 속에서 들어
저 닭 울음소리처럼 내 마음 보기를 모두 마쳤다.

득 아누다라삼막삼보리 발견관 하였다

또 하나는

忽得自家底 頭頭只此爾(홀득자가저 두두지차이)
원인 이유 노력 없이 내 몸 마음속 깊이 들어가니
머릿속에는 다만 너와 나만 있네.
이완된 상태에서 내면에 들어가 자신을 보니 보는 자와 대상만 있네.

萬千金寶藏 元是一空紙(만천금보장 원시일공지)라.
온 우주 모든 보물이 저장 되어 있는 이 창고
원래는 이렇게 온통 텅 비어 있는 백지이다.

모든 사람의 내면에는 인류의 과거, 모든 재물, 명예, 도덕, 예의로 가득 한데, 그 모든 숨어있는 보물들을 보니. 어디에도 필요 없는 장난감들이다.
위의 두 게송은 휴정 스승님의 깨달음의 글로 기록 되어 전하여 진다.

세속의 나이 85세 즉, 1604년 1월 23일 묘향산에 있는 산내 암자의 모든 수행자를 모아 놓고 그들이 보는 가운데서 자신의 초상화(그림)를 한손에 들고 그 그림을 지켜보면서 다음과 같은 임종게를 설하였다.

80년 전에는 너가 나이더니
팔십년 후 오늘 지금 여기서는 내가 너(초상화 그림)로구나

하는 임종게를 설한 뒤 좌선으로 해탈 열반 하셨다.

즉 80년 동안 나의 이 육신을 너희와 나는 '나'라 부르고 이름을 사용하였다. 오늘에는 이 육신이 한 조각 그림이요 그림자라는 것을 다시 한번 너희에게 보여 주니라, 하는 임종게를 남기고 가부좌를 한 상태에서 좌탈입망 하셨다. 즉 고요히 않은 자세로 열반 임종을 맞이하였다.

여기서 휴정대사님의 임종게를 거울 삼아 다른 스님들 임종게를 비추어 보면 거짓과 진실이 드러날 것입니다. 대사는 세속의 나이 85세(부처님과 비슷한 나이다), 출가 법랍 67세, 한 세기를 이 땅 한반도에 계셨던 보살님이셨습니다.

이런 분이 후세를 위하여 자필로 남겨놓은 禪家龜鑑(선가귀감: 홀로

자기 내면으로 들어가는 사람은 거북이처럼 외부의 공격을 단단한 갑옷 지켜봄을 옷처럼 입고 은쟁반에 담긴 물거울처럼 비추어 지켜보라. 미간사이에서 오직 자신의 마음을 지켜보라)이라는 천년을 두고 흘러도 변하지 않는 찬연히 빛나는 가르침 기록을 부족한 소승이 현대 글로 다시 비추고저 합니다.

〈선가귀감〉의 중요성과 가치성을 국외서 살피면 과거 일본불교에서는 〈선가귀감〉을 원본과 주석서 등으로 하여 180여 종류나 판본이 되어 간행 되었다는 기록이 있습니다. 이것은 일본 불교에서도 휴정 스승님의 가르침이 얼마나 심오하고 중요한가를 탐구하였던 예증이 되는 것입니다. 그러나 우리 한국 불교에서는 과연 휴정 스승님의 가르침을 얼마나 탐구 체득하여 후진들에게 전하였는지 의문이 듭니다.
 과연 서방 유럽 국가들이 우리 한국 불교에 이런 가르침 내용이 있다는 것을 얼마만큼 알고 있을까요? 세계 속에서도 영적 스승으로 인정될 수 있는 이런 귀중한 가르침이 앞으로는 올바르게 세계 만방에 퍼지기를 기원하면서 이 글을 올립니다.

서산대사님의 저서로는 선가귀감(禪家龜鑑), 도가귀감(道家龜鑑), 유가귀감(儒家龜鑑) 등이 있습니다. 휴정 스승님의 자필 기록으로 깨달음, 해탈, 득도, 득아누다라삼막삼보리 발견관 하였던 실체를 기록물을 통하여 안내하고 가르침을 제시하는 기록물 〈선가귀감〉은 석가모니부처님의 올바른 가르침을 재탄생 시켜주는 것과 같은 것입니다.

우리는 과거에 이렇게 높고 깊은 정상에 도달하였던 조상님을 가지고 있다는 것에 대하여 깊이 이해하고 가슴깊이 다시 새기어 자신과 후손에 귀감으로 삼아 민족의 앞길에 등불이 되고 개인의 삶에도 더 없는 귀한 보물로 여겨 체득하여 살아간다면 스승 휴정님도 지켜보고 돌보아 줄 것입니다.

이 글은 〈선가귀감〉이란 장문의 기록물 전체 중 3분의 2 지점에 기록되어 있는 일부로서 〈선가귀감〉 전체 내용 중 핵심이라 볼 수도 있는 내용입니다. 반야심경과 유사하며 티벳 불교의 바르도 즉 〈사자의 서〉 전체 내용을 함축하고 있으며, 중국 불교의 육조 혜능대사의 무상계 내용과도 비유가 되는 아주 중요한 내용입니다.

이글은 〈선가귀감〉 내에 소제목 없이 한자로 111자로 기록되어 있습니다. 후진들이 보고 이해하는데 도움이 되라는 의미로 소승이 소제목을 해탈열반시(解脫涅槃時: 마음의 모든 고통 재앙을 벗어나 고요하고 영원한 기쁨에 들어가는 순간)이라고 작명하여 기록하고자 합니다.

解脱涅槃時해탈열반시란 의미는

解脱涅槃時(해탈열반시)란 의미는 아누다라삼막삼보리 발견관(發見觀)하는 순간에, 또는 죽음이나 다름없는 득도, 성불이란 현상이 내면에서 일어날 때에 내면에서 어떻게 하라 하는 내면 행동을 알려주는 휴정 스승님의 중요한 가르침입니다.

스승님 글을 해석하기 전에 티벳 불교의 진수를 담고 있다는 바르도 퇴돌 첸모(bardo todrol cbenmo), 죽음(중음기) 삼매 속에서 자기 내면의 모든 마음을 오직 지켜보기, 주시를 통해서 해탈·열반에 들기라는 기록물과 비교하여 보겠습니다.

티벳의 바르도 퇴돌 첸모 전체내용의 핵심은 평상시 살아있을 때 어떻게 내면의 마음을 보고 다스리며, 임종 즉 죽음이 오는 순간에는 어떻게 하며, 죽음 이후 49일 동안 죽은 자와 산 자가 무엇을 어떻게 함이 윤회하는 삶 속에서 서로 도움을 나눌 수 있는지 기록하고 있습니다.

한국에서도 〈티벳 사자의 서〉라는 제목으로 번역 출판되었습니다. 하지만 번역서에는 많은 오역이 있고 티벳어 기록물 자체도 너무 많은 사족을 달아 숭배, 미화, 신비주의로 꾸미고 치장하여 기록 되어 있습니다. 하지만 휴정 스승님의 이 기록물은 오직 간단명료하게 실체만 기록하였습니다. 그러므로 휴정 스승님의 이 기록은 〈티벳 사자의 서〉보다 올바르며 중국 혜능대사의 무상계보다도 더 명료한 가르침이 담긴 기록물이라 해도 과언이 아닐 것입니다.

티벳 바르도는 세계의 정신과학과 종교학문에 많이 알려져 티벳 불교를 세계에 알리는 중요한 역할을 하였습니다. 하지만 우리 민족 조상님 중에도 이런 위대한 가르침 기록물이 숨겨진 보물처럼 있었다는 것을 우리와 세계는 알지 못하였습니다.

소승이 티벳 불교의 바르도 퇴돌 첸모의 내용을 보고 이해한 내용을 간단히 소개하면 이러합니다.

평상시 건강하게 살아있을 때나, 늙어 죽음이 올 때, 육체적 죽음 이후에도 자신 스스로 내면의 마음속에서 일어나는 현상들에 대하여 동일시되지 말고, 오직 '보는 자'로 남아서 주시하고 지켜보라, 오직 지켜보라.

　소리, 빛, 향기와 그 어떤 형상이 오고 가더라도 동일시되지 말고 '지켜보는 자'로 남으라.

　임종, 죽음이 육체적으로 올 때 그 순간이 삶의 한평생 어느 순간보다 중요하다. 그 순간을 놓치지 말라. 평생 수행의 시간보다 중요하다.

　그 순간 깨어서 지켜보라. 임종의 순간 단 몇 분이 평생 보다 중요하다.

　공포, 두려움과 동일시되지 말고 스스로의 내면에서 일어나는 그 어떤 염상(念想)들도 지켜보라. 그 순간이 영혼 성숙의 순간이다. 흔들리지 말라.

　오직 조견 단관(照見 但觀)하라.

　그러면 득아누다라삼막삼보리도 가능하고 내생에 윤회하면서 더 맑은 혼으로 태어나게 된다.

　자신의 내면, 모든 마음을 지켜보기, 주시가 핵심이다.

　이것이 바르도 퇴돌 첸모의 핵심적인 내용인데 많은 사족을 달아 꾸미고 치장하여 장서 즉 긴 글을 만들어 놓은 기록물이 바로 바르도 퇴돌 첸모입니다.

　하지만 여기 휴정 스승님의 기록, 해탈열반시는 티벳의 장문 바르도 퇴돌 첸모의 내용을 완벽하게 압축 요약한 기록물입니다.

아마도 휴정 스승님은 티벳의 바르도 기록물을 보지 못하였을 것입니다.

휴정 스승님 본인 스스로의 안목으로 보고 이해한 바를 문자로 요약, 간략하게 기록하였던 것입니다. 한국 불교의 진수이자 최고 정점일 수도 있습니다.

휴정 스승님의 이 기록물과 소승의 작은 인연을 여기 소개 하면 이러합니다. 2010년 12월 21일 동지 전날 밤인 음력 11월 17일, 깊은 밤에 잠을 자다가 꿈을 꾸었는데 꿈속에서 누군지 모르고 처음 보는 백발의 노인이 나타나 "선가귀감이란 책 속에 '임종시'라는 기록물을 세상에 널리 퍼지게 하라. 그러면 자살 하는 사람이 없어질 것이다." 하는 말을 남긴 체 지체하지 않고 어디론가 사라져 갔습니다.

꿈이 너무나 선명하여 잠에서 깨어 바로 서재에 있는 책을 찾아서 훑어보기 시작하였습니다. 그런데 책의 3분의 2 되는 지점을 넘기는데 이글을 보는 순간, 내 가슴은 방망이로 치듯 쿵쿵 뛰었고 피가 멎는 것 같았습니다. 그리고 이 글을 읽는 순간은 무엇이라 말할 수 없는 전율이 온몸으로 감싸고 흘렀습니다.

그리고 다음날 동지법회 때 대중에게 이 꿈 이야기를 전하여 주었습니다.

나의 이 꿈 이야기를 그날 누구도 경청하는 사람은 없었습니다. 하지만 나는 그날의 그 꿈을 통하여 휴정 스승님을 조금이나마 알게 되는 계기가 되어 내 가슴속 깊이 사모하는 한국의 스승님이라 새겼습니다. 나에게는 너무나 큰 충격으로 다가온 스승님이었습니다.

비록 소승이 휴정 스승님의 기록물 내에 있는 실체를 모두 완벽하게 이해하여 올바르게 표현. 기록하는 것이 불가능 하지만 최선을 다해 온 세상에 퍼져나가도록 노력하여 볼 것입니다. 한국에서 누구든 나의 부족한 부분을 보충, 설명하는 선지식을 기다리며 이 글을 기록합니다.

앞에서도 언급, 기록하였지만 〈선가귀감〉이란 기록물 중 소제목 없이 기록 되어 있는 것을 소승이 본문 내용과 이 글을 보는 후세의 독자들의 이해에 도움이 되라는 의미로 소제목을 '해탈열반시'라 한다고 하였는데, 다시 소제목의 의미를 자세히 기록하면 이러합니다. '생로병사 윤회하는 삶 속에서 마음의 모든 고통, 두려움에서 벗어나 다시 그 고통, 두려움이 돌아오지 않을 때'라는 의미입니다.

본문은 한자 111자로 기록 되어 있으며 전체내용은 수행자나 수행하지 않는 자, 평범한 사람, 종교 신앙이 있거나 없거나 모든 사람에게 생로병사, 삶과 죽음을 어떻게 보고 이해하는 것이 가장 올바른 것인가에 대한 가르침과 안내를 주는 내용을 담고 있습니다. 특히 죽음의 순간이 삶 중에서 참으로 중요하므로 그 임종의 순간 마음가짐을 어떻게 하면 되는가에 대한 방법을 설명하여 주고 있는 것입니다. 또한 문자와 단어는 달라도 스승 부처님이 말씀하신 반야심경 내용과 유사하거나 동일한 내용이며, 간략 명료하게 기록 되어 있습니다.

凡人人命終時
범인 인명종시

모든 사람이 숨 멈추어 죽어갈 때에… 라고 일반적으로 해석하고 이해할 것입니다. 하지만 이 글은 보통 사람이 쓴 글이 아니라 깨달은 사람, 사람의 생로병사와 윤회전생과 현생 내생을 있는 그대로 보는 눈을 가진 사람이 표현하는 글이라는 것을 먼저 알아야 합니다.

그리하여 필자가 앞에서 반야심경과 유사하다 또는 휴정 스승님의 안목을 이해하라는 차원에서 여러 예를 들어 비교 설명을 하였던 것입니다.

여기서 범인(凡人)이란 의미는 과거 현재 미래의 모든 사람, 젊거나 늙거나 부자나 가난하거나 어느 민족 국가의 사람, 어느 장소 어느 때, 부처이든 중생이든, 이 지구상의 모든 사람이란 의미입니다. 반야심경의 '관자재보살'과 유사한 의미입니다. 뒤에 오는 문장도 비교하여 보면 휴정 스승님의 해탈열반시를 이해하는데 도움이 될 것입니다.

즉, 범인이란 달마대사 어록 중에 보이는 "중생이 부처다"라는 의미와, "관자재는 모든 사람 마음속 내면에 동일하게 있다"라는 의미를 내포합니다.

臨命終時(임명종시)

숨이 멈추어져 가는 순간에… 라는 의미로 볼 수도 있지만 여기서는 그리 간단한 의미가 아니며, 뒤에 오는 문장을 보면 여기 문자 단어 너머의 의미를 이해하는데 도움이 될 것입니다. 평범한 보통 사람의 안목이 아니라 마음의 실체를 이해한 상태의 안목으로 보아야 문자 너머의 의미를 이해 · 체득 할 수 있는 내용이라는 것을 보아야 합니다.

여기 임명종시와 반야심경 내의 반야바라밀다시와 같은 의미 · 실체라는 것을 이해하여야 합니다.

지금 숨 쉬고 살아있을 때 자신의 내면 탐구로 자신의 어떤 마음과도 동일시되지 않고 무심 · 무아로, 지켜보는 자로 남아 고통, 두려움 공포를 이해하여 그것으로부터 완전히 벗어나 다시 원점으로 돌아가지 않을 만큼 내면이 변했을 때라는 의미입니다.

또한 모든 욕망, 我相 人相 衆生相 壽者相(아상 인상 중생상 수자상)과의 동일시에서 해탈(解脫)되어 벗어났을 때, 벗어 나고자 할 때, 그 순간에… 라는 의미와, 또한 실제로 육체적으로 호흡이 서서히 멈추어져 가는 순간에, 또는 호흡이 완전히 멈추고 의학적 사망이 일어났을 때라는 복합적인 의미를 내포합니다.

  반야심경의 '행심반야바라밀다시'의 의미와 동일합니다.

  위와 같은 몸과 마음이 되었을 때 그러한 순간에…

但觀 五蘊皆空
단관 오온개공

오직 다른 방법 길이 없다. 색수상행식(色受想行識)의 모든 마음을 지켜보아 그 마음들이 모두 텅 빈 빛과 색, 시간과 공간 같은 공(空)이라 보고 알라.

여기서 단관 오온은 반야심경의 '조견 오온개공도'와 같으면서도 다른 실체를 표현한 휴정 스승님의 안목이며 반드시 앞의 전제가 성립 되어야 이 부분을 실행할 수 있습니다.

앞의 전제 성립이란?

임명종시란 것입니다. 임명종시가 되지 않은 일반 평상시 마음으로는 '단관 오온개공'이 될 수 없습니다. 그러니 이 글은 명상 속에서 삼매를 즉, 무심·무아를 조금이나마 경험한 사람들만이 도움이 될 수 있습니다. 일반 보통 사람 즉, 무심 무아를 경험하지 못한 사람에게는 횡설수설처럼 보일 수 있습니다.

이 글은 성불, 득도, 해탈, 열반의 경지 즉 득아누다라삼막삼보리 발견관의 글이기 때문입니다.

여기 '但觀(단관)'이란 이 두 글자의 속내 의미는 중국에서 반야심경을 번역 기록하였던 구마라즙 삼장법사의 안목을 초월하는 휴정 대사님의 시야를 보여주는 부분입니다.

어떻게 보면 중국 불교와 한국 불교의 차이점을 가르는 기준이 될 수도 있는 단어 문자입니다. 중국에서는 '조견 오온개공도'라고 번역, 기록 하였습니다.

단관 오온개공(但觀 五蘊皆空), 이 여섯 글자 너머의 의미 실체를 휴정 스승님이 직접 보지 못하고는 이러한 표현과 글로 적을 수 없을 것입니다.

현 반야심경에서는 조견 오온개공도(照見 五蘊皆空度)라 기록하고 있는데, 휴정 스승님은 '조견'을 '단관'으로 이해하였고, '오온개공도'를 '오온개공'으로 보았으며 度(도)라는 글자를 버렸습니다.

이것은 휴정 스승님의 올바른 시야, 안목이 없으면 경험할 수 없으며 이렇게 표현하고 작문할 수 없는 것입니다. 저는 휴정 스승님의 표현이 올바르다고 보고 동의, 이해합니다.

단관(但觀)

이 두 글자 너머 의미 실체를 자세히 관찰하면…

스스로 머리 미간 안쪽 약 2cm 전후 '제3의 눈'으로 스스로의 마음, 오온을 보는 과정과 방법을 설명하고 있는 것입니다.

但觀에서 단(但)이란?

의미는 오직 다른길이 없다. 유일한 방법이다.
그 방법 길은 관(觀)이다.
미간에서 자신의 모든 마음을 지켜보라.
동일시되지 말라.

어두운 밤이 가고 땅 위에 해가 서서히 올라와 만물의 형상과 색과 모양을 비추어 드러나듯 고요히 미간 속 눈으로, 보고자 하는 작은 노력도 없이 집중하지 말고 오직 자연스럽게 이완, 리렉스, 방임한 편안함 속에서 그냥 보라. 분별없이 과거 기억을 보는 것이 아니라 그 기억의 그림자, 존재 내부를 보라. 그림자 자체가 아니라 그림자를 이루는 소재 내부를 보라. 즉 빛을 보는 것이 아니라 빛 속내를 보라. 빛에 따라 오는 색을 보는 것이 아니라 색의 내부를 보라.

그렇게 보게 되면 빨강 노랑 청색 흰색 검은색의 오색 빛이 나타나고 그 색은 몸 안 전체에서 움직일 것이다. 하지만 그 색 내부를 고요히 보면 보는 자도 대상 빛, 색도 사라지고 공이 온다. 즉 죽음이 온다.

　이 공이 죽음이요 무아이다.

　이 공은 생성 소멸 되지 않는다.

　영원으로 흐른다. 아니 완전한 정지이다.

　필자가 여기서 글로 설명하지만 부족합니다. 문자와 말의 한계성입니다.

　오온을 색수상행식이라 반야심경에서 표현하지만 참으로 부족하고 오해 될 수 있는 문자 단어들이며 힌트, 암시일뿐입니다.

但觀五蘊皆空 四大無我
단관오온개공 사대무아

 이렇게 되려면 필히 전제조건이 바로 임명종시 즉, 반야바라밀다가 이루어 진 후에 볼 수 있고 이해되는 것입니다. 앞부분 전제조건이 없는 상태에서는 지식, 논리, 망상으로 굴러가는 마음의 속임수 일뿐입니다.
 여기서 단관과 조견의 차이점을 고요히 관찰하여 보아야 합니다.
 왜 휴정 스승님은 단관이라 하고 중국 반야심경에서는 조견이라 표현하였는지 깊이 비교 관찰 하여야 합니다.

 단관(但觀), 이 단어를 누가 어느 장소, 시간에 말과 문맥에서 사용하는가에 따라 실제 의미가 변한다는 것을 보아야 합니다.
 단관(但觀)이란 이 두 글자 너머 의미·실체에 대한 설명은 참으로 난해합니다. 일반적인 관(觀)이 아닙니다. 죽음이 진행되고 있는 순간의 '봄'입니다. 내일이 없고 어제가 사라진 상태, 모든 욕망이 떨어져 오래 살고 싶다, 죽는 것은 두렵고 싫다, 죽음을 피하고 싶다, 라는 마음이 없는 무수자상(無壽者相)의 상태에서 보고 머물고 잠드는 것이 아니라, 미묘하게 금강경 제 10분의 내용 중 '응무소주 이생기심(應無所住 而生其心)' 즉, 어디에도 동일시되거나 잡히지 말고 항상 모든 마음을 지켜보라는 내용입니다.

但(단), 다만 단, 오직 단, 이 글자는 旦(아침 단: 어둠이 가고 해가 떠오름)에 人(사람 인)의 합자 입니다. 사람, 몸, 머리, 미간 내부에 밤이 지나 아침에 태양이 떠오르듯 천천히 고요히 모든 만물이, 형상이 드러나듯 지켜보라는 것입니다. 수동적인 행위도 아니고 그렇다고 의도적인, 능동적인 행위도 아닌 미묘한 보는 행위, 지켜봄으로 하라는 것입니다.

그리고 뒤의 '관(觀)'은 본다와 느낀다를 초월한 상태입니다. 보는 자와 대상이 하나 되어(동일시가 아님) 사라진 상태, 보는 대상이 사라지면 보는 자도 사라집니다. 보는 자는 있지만 대상이 없으므로 보는 자가 사라진 것처럼 됩니다. 이러한 상태에서 오온과 오색의 모든 마음을 보게 되면 보는 자와 보이는 대상이 없는 텅 빔, 공, 빛이나 색처럼 되는 것입니다.

필자가 글로 이렇게 설명하지만 부족합니다. 글로는 완벽할 수 없고 암시, 힌트일 뿐입니다.

반야심경에서는 '조견 오온개공도(照見 五蘊皆空度)'라고 기록하고 있는데, 조견(照見)이란 단관과 같이 봅니다. '봄'을 의미 하지만 문자 너머의 의미 · 실체는 미묘한 차이점이 있습니다.

조견(照見)이란 의도적인 노력 집중은 없지만 대상이 남아 있는 상태 즉, 보는 자와 대상이 분리 되어 있지만 대상이 남아 있는 상태입니다. 그리고, 대상을 보기 위한 집중 즉 렌즈로 빛을 모아 한 곳에 집중하여 자세히 관찰한다는 의미와 유사한데, 여기서는 곧 자의적으로 보기 위한 노력이 수반되는 '봄'입니다. 여기서는 미묘한 긴장, 노력이 따릅니다. 그러므로 진공, 완전한 공이 되기 어렵습니다.

度(도), 이 문자는 법도 도, 국량 도, 건널 도 라는 의미를 가진 문자입니다. 곧, 오온과 동일시되어 마음이 자신(自身)의 진체(眞體)인 것으로 착각하여 오해하면서 살아온 것에서 벗어났다, 즉 오온의 동일시로 인한 고통으로부터 해탈하였다, 하는 의미입니다. 휴정 스승님은 '단관 오온개공'이라고 기록하였는데, 이것은 올바르게 오온을 보게 되면 저절로 오온의 동일시가 사라짐으로, "벗어났다"고 표현할 필요가 없기에 '도'자를 생략 한 것입니다.

'단관 오온개공'이 되면 무아, 무심이 저절로 되고 바로 이 무아, 무심이 空(공)이요, 색불이공 공불이색 색즉시공 공즉시색수상행식(色不異空 空不異色 色卽是空 空卽是色受想行識)이 되는 것입니다. 이렇게 됨으로써 일체고액(一切苦厄) 즉, 중생지류와 아인중수자의 고통으로부터 벗어나 해탈·열반이 되어 보는 자, 관자재가 되는 것입니다.

四大無我 眞心 無相 不去不來
사대무아 진심 무상 불거불래

사대무아(四大無我)는 모든 사람(부처이든 중생이든)이 잠들 때나 임종시 숨이 멈추어질 때 같이 욕망이 참으로 사라지고, 욕망의 허망함을 보고 초연하고 조용한 마음의 상태에서 오직 자연스럽게 자기 머리 미간 사이에서 모든 마음의 오고 감과 오온의 자체를 깊이 관찰하면 그 결과로 아인중수자(我人衆壽者)와의 동일시에서 해탈하여 아인중수자가 '나', 자신이 아니라는 것을 이해하게 되어 무아인중수자(無我人衆壽者)가 되어 심무(心無), 마음 없음이 됩니다. 이것이 '사대무아'이고 반야심경에서는 일체고액(一切苦厄) 즉, 스스로 내면에 소유하고 있는 모든 마음, 오온의 동일시에서 벗어났다는 것입니다.

일부에서는 '사대무아'를 다르게 보는 경우도 있습니다. 지수화풍

(地水火風), 흙 물 불 바람이 나의 진체가 아니다, 즉 이 육신은 위의 4대 요소로 만들어진 것으로 보고 이 육신이 진아·진체가 아니란 것이라고 해석하는 경우가 있는데, 올바르게 보지 못한 해석입니다. 여기 휴정 스승님의 이 기록은 육체적인 차원의 기록이 아닙니다. 사람 내면의 정신과 혼에 대한 가르침입니다.

위의 문장 내 의미 실체를 체득하려면 임종시 실제적으로 육체적인 사망, 즉 죽을 때와 같은 세속의 모든 일들이 허망하다는 이해로 집착과 애착이 사라졌을 때만이 보이고 눈이 열린다는 의미입니다.

진심 무상 불거불래(眞心 無相 不去不來)

진심이란 진실된 마음, 거짓 없는 마음이 아니라 오온을 보는 자, 관찰자가 핵심, 중심, 근본이라는 의미입니다. 곧 앞부분 '범인 임명 종시 단관오온개공 사대무아'가 핵심, 중심, 근본이라는 의미입니다.

앞의 내용을 이해·체득하게 되면 보는 자, 관찰자, 보이는 대상 양쪽이 사라져 간다, 즉 보는 자는 그대로지만 대상이 없으면 보는 자도 없는 것처럼 된다, 이것이 곧 공(空)입니다.

그 공은 어디로부터 오거나 어디로 가지 않습니다.

반야심경에서는 '시제법공상 불생불멸 불구부정 부증불감(是諸法 空相 不生不滅 不垢不淨 不增不減)'이라 기록하고 있습니다. 이 공은 나지도 죽지도 않으며, 더럽거나 깨끗하지도 않다. 커지거나 작아지지도 않습니다.

반야심경에서 스승 부처님이 '시제법공상'이라 표현한 것을 휴정 스승님은 무상이라 표현 였습니다. 표현 기록은 다르지만 같은 실체를 표현한 다른 말입니다.
　空相(공상), 無相(무상)은 다른 글자 한 실체입니다.

生時性亦不生 死時性亦不去 湛然圓寂 心境一如
생시성역불생 사시성역불거 담연원적 심경일여

    육신으로 태어날 때에도 이 성(性·공)은 만들어지지 않으며
    육신이 죽을 때에도 이 성(공)은 또한 어디로 사라지지도 않는다.
    호수의 고인 물 같이 항상 고요한 기쁨으로 원만하게 가득하다.

  여기서 중심적인 실체는 성(性)이라 표현된 부분이 핵심입니다. 성(性), 이 글자 너머 의미·실체를 이해해야 하는데 간단하지가 않습니다.
  필자는 위에서 '성'을 '공'이라 표현하였습니다.
  달마대사의 견성성불(見性成佛)이란 표현을 보면 한국 불교에서는 "성품을 보아 부처가 된다"라고 해석합니다. 여기서 성품이란 오온이라 해석 할 수도 있고 오온의 실체를 보게 되면 공이 나타난다, 그러

므로 성품과 공은 밀접한 관계이며 곧 성품을 보는 과정은 '단관오온'이고 그 결과는 공이라 볼 수 있습니다.

성(性), 이 글자를 파자 하여 살펴보면 심(心): 마음 심, 근본 심, 심장 심, 가운데 심의 의미와 생(生): 날 생(出, 나타남), 살 생(살아있음), 삶 생, 자랄 생, 설(미숙) 생, 날것의 생, 일어날 생, 백성 생, 어조사 생이란 의미의 합자입니다. 곧 성(性)이란 근본 마음 즉 무의식 마음의 뿌리, 마음의 창조, 마음의 탄생원리란 복합적인 의미로 볼 수 있습니다.

육신이 탄생할 때 마음은 별개로 탄생하지 않습니다.

육신이 죽을 때에도 마음은 별개로 죽거나 어디로 가지 않습니다.

이 부분을 반야심경에서는 "공중무색 무수상행식 무안이비설신의 무색성향미촉법 무안계 내지 무의식계 무무명 역무무명진 내지무노사 역무노사진 무고집멸도 무지역무득 이무소득고"까지 내용을 담고 있습니다.

공중(空中)이나 무상(無相) 속에서는 오온이 만들어지지 않으며 오감으로 보는 대상도 없고 대상이 없으므로 보는 자도 없는 것 같이 되고, 공중 무상 속에서는 오온이 오고 감이 없이 큰 환희가 항상 고요하게 온 우주처럼 충만합니다.

但能如是 直下頓了
단능여시 직하돈료

위의 내용 실체를 능숙하게 이해 · 체득하여 올바르게 보면 아누다라삼막삼보리를 발견관(發見觀: 깨달음, 해탈, 열반, 득도, 성불) 하게 된다.

직하돈료(直下頓了)

이 네 글자 너머의 의미 · 실체는 참으로 설명하기 난해합니다.

직(直)은 곧을 직, 바를 직, 번 직이란 문자인데 직선, 굴곡 없음이라 일반적으로 이해합니다. 그런데 여기서는 굴곡의 비교로서 바르다, 곧다 라는 의미가 아니라 사물을 있는 그대로 본다, 숨겨져 있는 사물을 열 개의 눈으로 관찰하여 있는 그대로 본다, 즉 바르게 본다는 의미가 들어 있습니다.

직(直), 이 한자는 目(눈 목), 十(열 십), ㄴ(감춤, 숨겨진)이라는 의미 합자로서 감추어지고 숨겨져 있는 것을 열개의 눈으로 본다는 의미입니다.

즉 '범인'부터 '심경일여'까지 내용 의미·실체를 있는 그대로 보고 이해한다는 내용입니다.

직하(直下)란 앞의 내용을 그대로 이해 체득한 이후라는 의미입니다.

직하 뒤에는 '돈료'가 저절로 이루어집니다.

돈(頓)은 조아릴 돈, 머무를 돈, 패할 돈, 가지런이 할 돈, 갑자기 돈, 둔할 둔이란 의미를 내포하는 글자입니다. 마칠 료(了), 깨달을 료(이해), 밝을 료(瞭: 눈감을 명, 어두울 명, 아찔할 명)와 연결하여 의미를 봄으로써 '돈료'라는 뜻을 바르게 볼 수 있습니다.

료(了), 이 한자 내의 의미는 간단하지 않습니다. 일반적으로는 어떤 행위의 마무리 또는 목적 달성이라고 이해하지만 그렇지만은 않습니다. 이 글자 속 의미는 손발과 머리가 사라졌다, 즉 무엇인가 달성하고자 하는 욕망이 사라졌다, 마음속에 뿌리 종자가 없다, 자신의 내면 모두를 있는 그대로 보았다, 全知(전지) 즉 모두 알았다 라는 복합적인 의미를 내포 하고 있습니다.

자(子): 아들 자(息: 숨실 식), 첫째 자, 새끼 자, 열매 자, 씨자, 당신 자, 너 자, 임 자, 사람 자라는 의미 글자와 비교하여 관찰하면 이해에 도움이 됩니다.

돈료(頓了)란? 머릿속 생각, 마음 현상을 보고 아찔한 순간에 이해하여 더 이상 의심이나 무지가 남아 있지 않다, 즉 성불, 해탈, 득도, 아누다라삼막삼보리와 유사한 깨달음이란 의미 입니다. 갑자기 순간적으로 이유 없이 나타난다, 완전한 변형 열반으로 다시 돌아오지 않는 변형이 이루어 졌다는 의미입니다.

반야심경에서는 '무노사 역무노사진 무고집멸도 무지역무득 이무소득고 보리살타 의반야바라밀다고 심무가애 무가애고 무유공포 원리전도 몽상 구경열반'의 내용과 같은 의미 실체를 내포합니다.

不爲三世所拘繫 便是出世自由人也
불위삼세소구계 편시출세자유인야

　위의 내용 실체를 이해 체득하게 되어 과거 현재 미래 어디에도 구속되거나 매이지 않게 되며 불편함 없이 이 세상 윤회로부터 자유로운 사람이 된다. 오온의 동일시에서 벗어나 윤회로부터 자유로워진다.

若見論佛 無心隨去 若見地獄 無心怖畏 但自無心
약견론불 무심수거 약견지옥 무심포외 단자무심

　앞의 내용 전체가 가장 올바른 길이요 진리이니, 어떤 상황 여건 속에서도 위의 내용을 의심하거나 부정 시비하지 말라. 곧 부처님의 경전 또는 말씀을 직접보고 들어도 혼돈스럽게 이렇게 저렇게 생각하지 말고 오직 지켜보라.

　이렇다 저렇다 분별·시비하고 논쟁하여 공포·두려움이 오더라도 오로지 무엇과도 동일시되지 말고 지켜보라. 오직 스스로를 지켜보라. 주시 하라.

　위의 내용은 어떤 논리 이론 사상에도 동일시되지 말라, 어떤 형상, 소리, 빛에도 동일시되지 말라는 의미입니다. 무심이란 뜻은 동일시 되지 말고 지켜보는 자가 되라는 것입니다.

동어법계(同於法界)

위와 같이 하면 영혼의 세계가 극락 부처님이 계시는 영원한 세계에 들게 되어 생로병사, 윤회는 없는 것과 같다.

　반야심경에서는 '삼세제불 의반야바라밀다 고득 아누다라삼막삼보리'란 내용입니다.

此卽是要節也(차즉시요절야)

앞 기록 내용 전체의 핵심 이해는 이러하다.

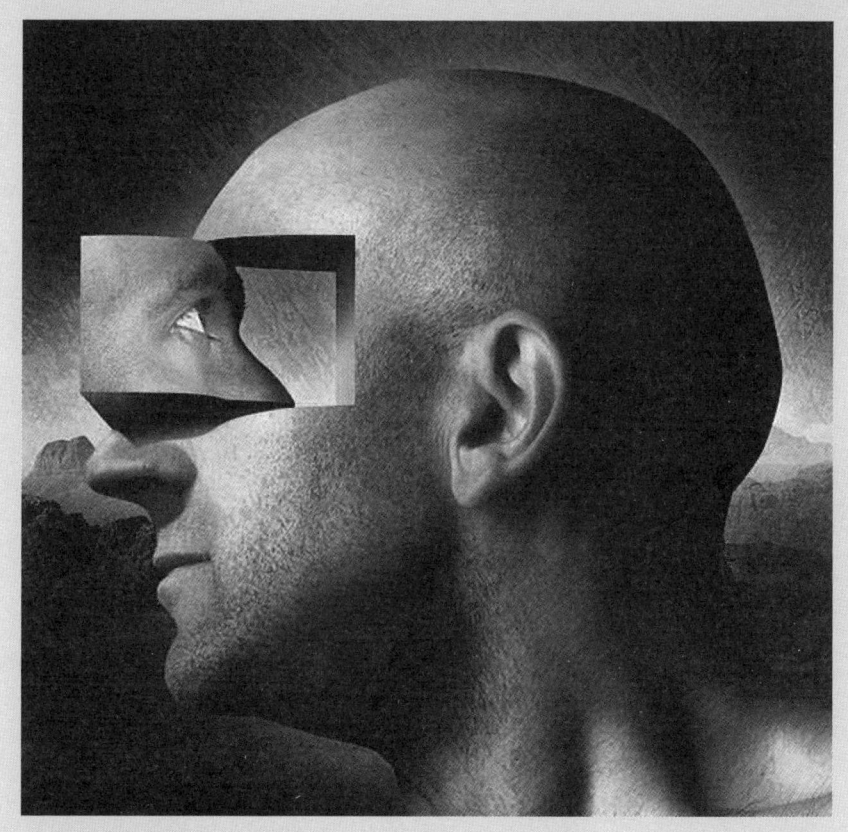

然則平常 是因 臨終 是果 須着眼看
연즉평상 시인 임종 시과 수착안간

건강하게 육체적으로 살아 있을 때 위의 내용을 이해하여 하루 종일 평생 내내 지니고 몸에 입은 옷처럼 의지하면 숨이 멈추어져 가는 죽음이 올 때 그 과실 열매가 익을 것이다.

비록 젊고 건강할 때 위의 내용들을 모두 완전히 체득을 못하여도 평상시 살아가는 동안 절대 절명의 임종 순간처럼 위의 내용을 내면에서 행한다면 '직하돈료'로 생로병사 윤회 고통의 사슬을 자르고 이 우주 속에서 대 자유를 누릴 것이다.

須着眼看(수착안간)

'수착안간', 이 네 글자에 휴정 스승님의 골수요 진수의 가르침이 녹아있습니다. 또한 해탈열반시 전체 내용을 함축 하고 있습니다.

'수착안간'은 모든 불상 이마에 박혀 있는 영원히 빛나는 다이야몬드 금강석입니다.

'수착안간'은 관자재보살, 관세음보살, 천수천안관세음이며 인류가 현재·미래에 가야 할 정신적인 방향이고, 한민족이 가야 할 길이며, 현재·과거 모든 인간들의 종착점이며 더 이상 갈 곳 없고 도달할 경지가 없는 궁극입니다.

'수착안간'은 궁극의 가장 큰 영묘(靈妙)한 영혼(靈魂)이며 축원(祝願)이며 축복(祝福)입니다.

수착안간은 궁극의 밝은 축원 축복이며,

수착안간은 더 이상 깊이와 높음이 없는 축원 축복이며,

수착안간은 더 이상 오르고 오를 수 없는 축원 축복입니다.

수착안간을 통하여 인류와 개인 모두의 고통·재앙을 소멸시킬 수 있습니다.

수착안간은 허망하지 않고 영원한 실체입니다.

수착안간을 통하여 모든 동일시에서 벗어납니다. 아주 해탈합니다.

다시 동일시되지 않는 완전한 열반(홀로된 주시자, 보는 자, 관자재 관세음)이 되었습니다.

사바하~! 성취하였습니다.

해탈열반시(解脫涅槃時)는

시대신축 시대명축 시무상축 시무등등축
是大神祝 是大明祝 是無上祝 是無等等祝

능제일체고 진실불허 고설 반야 바라밀다주
能除一切苦 眞實不虛 故說 般若 波羅蜜多祝

게체 게체 파라게체 게체 파라승 게체 보제 사파가 이다.
揭諦 揭諦 波羅揭諦 揭諦 波羅僧 揭諦 菩提 娑波訶

수착안간(須着眼看), 이 문구 안에는 생로병사와 스승 부처님과 역대 모든 조사, 달마 혜가 홍인 혜능 등등 조사의 모든 가르침이 녹아 있고 예수, 노자의 가르침도 녹아있습니다.

'수착안간'은 한문이어서, 한글 단어로는 번역 불가의 단어입니다. 하지만 현 시대의 언어 쓰임으로 볼 때 암시 힌트로, 한글 단어를 만든다면 '미간 내부 눈으로 바라보기', '지켜보기'라고 표현한다면 힌트 암시로는 될 것입니다.

수착안간(須着眼看)은 觀(관), 見(견), 視(시), 이 세 글자 속 의미 모두를 함축한 단어입니다. 한 글자 한 글자를 살펴보면 이러합니다.

須(수)는 수염 수, 기다릴 수, 잠깐 수, 쓸(사용) 수, 모름지기(반드시

必, 의무적, 다른 것이 없는 오직 절대 등의 의미) 수로 참으로 이해하기 어려운 문자입니다. 일반적으로는 머리나 수염 또는 눈썹을 의미하는 글자로 보기도 합니다, 하지만 여기서는 그런 간단한 의미가 아닙니다.

눈썹 사이 미간에 핵심이 있다.
그것을 사용하라, 순간순간 사용하라.
다른 길 방법은 없다, 오직 이것뿐이다.

라는 의미를 함축합니다.
首: 머리 수, 두부(頭部)의 모양, 우두머리 수, 자백할 수, 鬚: 수염 수.
頁: 머리 혈, 이 글자는 뼈와 살의 머리가 아니다 穴(구멍 혈)과 상통합니다.
여기서 수(須)란 두 눈썹 사이 미간 표피로부터 내부 2cm 내외라는 의미입니다. 그곳에 미묘하게 집중하라는 뜻입니다.

着(착): 붙을 착, 입을 착, 쓸 착, 신을 착, 다다를 착이란 의미 문자입니다.
自(자): 스스로자, 몸소 자, 몸 자, 저절로 자, 이 문자 속 의미는 저절로, 자동적으로 노력 없이, 스스로 움직임 등의 의미를 지닌 문자

변형이 바로 着(착)이란 문자 형성의 이치입니다.

두 눈썹 사이 미간 표피 내부 2cm 내외에 옷을 입은 것처럼, 신발을 신은 것처럼 노력 없는 집중으로 저절로, 스스로 비추라는 뜻입니다.

眼(안): 눈 안, 고동 안이란 의미 문자인데 눈 목(目), 눈여겨볼(注視, 주시) 목, 조목 목, 이름 목, 제목 목, 요점 목, 우두머리 목이란 글자와 간(艮): 간괘 간, 머무를 간, 한정할 간이란 한자가 합쳐진 문자입니다.

간(艮), 이 글자의 자원은 目(목)과 비수 비(匕)의 합자로 비수처럼 예리한 칼로 찌르듯이 應視(응시)한다는 의미의 글자와 합자 된 것이 '眼(안)'의 의미 문자입니다.

곧 須着眼(수착안)이란, 미간 내부에 있는 '보는 자'로 하여 몸에 입은 옷, 발에 신은 신발처럼 자연스럽게 스스로 저절로 예리하게 보라. 하지만 노력 없는 봄, 주시 응시하라는 뜻입니다.

看(간): 볼 간(視), 지킬 간(看守)이란 뜻의 문자입니다. 이 글자는 손 수(手)와 눈 목(目) 의 합자로 이마에 손을 대고 멀리 있는 물체를 바르게 보기 위한 의미로 바라본다는 뜻입니다. 곧 대상과 보는 자가 떨어져 본다는 의미입니다.

'수착안간', 이 네 글자 속 의미 실체는 언어 문자로는 완벽한 설명이 불가능합니다. 스스로 노력하여 탐구, 관찰, 이해, 체득하여야만 되는 것입니다. 이 글자는 불교의 관자재, 관세음과 동의어입니다.

但自無心 須着眼看
단자무심 수착안간

但自無心 須着眼看(단자무심 수착안간) 하라.

오직 스스로 분별·판단하는 마음 없이

미간 내부에 몸에 입은 옷처럼,

발에 신은 신발처럼 하여

오온을 예리하게 천천히 고요히 바라보라.

휴정 스승님 말씀입니다.

추기(追記)

'에고'와의 동일시에서 벗어나는 내면 탐구의 길

부처님과 동암 스님께 존경, 공경하는 마음으로 합장·절 드리며 이 글 올립니다.

반야심경! 불자라면 누구나 한번쯤은 들어봤고 불교의식이나 행사에 빠지지 않고 독송하는게 반야심경입니다. 그러나, 우리가 늘 앵무새처럼 따라하고 외우고 사경을 하면서도 반야심경의 참뜻을 온전히 알고 있는 것일까요? 저 역시도 여러 책으로 번역된 반야심경을 읽어도 봤고 여러 스님들께서 해설해 주시는 것도 들어봤지만 무슨 뜻인지 무얼 말하고자 하는지 알아듣지도 못했고 알려고 하지도 않았습니다. 막연히 그냥 반야심경은 '공'이다, '오온'이 어떻다, '색수상행식'이 어떻다… 과연 그 어떻다는게 무언지, 나하고는 너무나 먼, 너무나 어려운 것이었습니다.

동암 스님께서 설명·해석하여 주시는 반야심경과 해탈열반시를 듣고 보면서 그동안 나는 보이지 않는 미묘한 지식의 그물에 나도 모르는 사이에 스스로를 잡고 묶여있었다는 것을 보고 알게 되었습니다. 아마도 모든 사람들이 생각하고 있는 관세음 · 관자재보살은 부처님의 명호로 알고 있고 언제나 찾으면 응해주시는 부처님으로 우리를 수호해 주신다고 믿고 있지 않을까 생각합니다. 우리는 수많은 세월동안 완전 세뇌 되어 있었다는 것을 알고 보게 되었습니다.

혜안을 지닌 동암 스님께서 설명하여주시는 관세음 · 관자재란 주시자, 응시자, 지켜보는자, 관찰자라는 포괄적인 의미를 담고 있다는 설명을 듣고 참으로 말하기 어려운 이치를 내 자신 속에서 보게 되었습니다. 또 한편으론 두려움과 공포, 고통이 저 자신의 삶에서 어떻게 작용하며 그것이 무엇인지 더욱 깊이 관찰 · 이해하는 큰 계기가 되었습니다.

동암 스님께서 해탈열반시라는 제목으로 해석하여 놓은 글을 읽고 내가 살아가면서 겪고 있는 시기와 질투, 남들과의 비교, 잘났다 못났다, 부자다 가난하다, 잘한다 못한다 등등 이 모든 것들이 마음의 허상이라는 것을 저 자신 머릿속에서 보게 되었습니다.

동암 스님께서 해석하신 금강경에서도 무단무멸(無斷無滅) 즉, "모든 마음이란 잘라지지도 않고 불태워 죽일 수도 없다"라고 하셨습니다. 그럼 이 마음이라는 것을 어떻게 다스려야 하는 것일까? 무심(無心)이 대복이라 하였는데 그럼 무심이 되기 위해서 자기 내면의 마음을 바르게 보는 근본방법을 알고자 최소한, 아니 최대한으로 노력 또 노력해야 하는데 동암스님께서 해석하신 반야심경과 해탈열반시를 이정표로 삼아 살아간다면 현세에서 받는 정신적, 육체적 고통에서 완전히 벗어날 수 있겠다는 생각을 해 봅니다. 그리고 이것이 에고(ego)와의 동일시에서 벗어나는 길이고, 동일시에서 벗어나는 것이 곧 해탈이고, 아누다라삼막삼보리를 발견관 하는 게 아닌가 싶습니다.

모든 이들이 저와 같은 고통과 어려움, 괴로움을 겪으며 살아가진 않을 것입니다. 하지만 죽음에 대한 두려움과 공포는 누구나 가지고 있는 게 사실일 것입니다. 이 모든 것에서 벗어날 수 있는 길이 이 책에 들어잇습니다. 여러분들도 이 책을 안내서로 하여 자기 내면 탐구에 도움 되게 활용해보시길 권하고 바랍니다.

동암 스님의 〈주시자, 관자재보살로 사는 법〉을 접하고 있는 지금 이 순간, 당신은 벌써 길을 찾았다는 것을 말하고 싶습니다. 제가 고통에서 괴로움에서 두려움에서 벗어날 수 있었던 것처럼(가끔씩은 동일시 될 때도 있지만)…….

감사합니다.

동해 명상사 불자
계묘생(4월 10일) 김숙임 합장

추기(追記)

이 글을 쓰고 출판 할 수 있게 물심양면으로 도움을 주신

동해 거주 무술생(10월 24일) 서민주

을사생(3월 17일) 최옥경

두 분의 불자님께 성불을 기원하며 두 손 모읍니다.

합장

구하지 않는 삶 그 완전한 자유

윤기붕 지음 | 신국판 | 칼라 | 416쪽 | 14,000원

목마르지 않는 자는 '지금 여기' 있는 그대로 완전한 자유를 누린다

"놓아라! 구하지 마라! 있는 그대로를 수용하라!" 삶 속에서 자유와 행복을 얻은 한 구도자의 체험기! 극도의 우울증으로 수없이 자살을 생각했던 저자는 치열한 고민과 구도 과정에서 그러한 생각의 허망한 속성을 깨닫고 마침내 자유를 얻어, 그 행복을 나누고자 한다.

내면의 잠재력 퍼올리는 코칭, 그 마중물의 힘
잠자는 사자를 깨워라

허달 지음 | 신국판 | 2도 | 224쪽 | 13,500원

이 책은 동서고금 일화와 필자의 실제 경험을 유머러스하게 등장시켜, 코칭의 원리와 실제를 엮어 짠 튼실한 직조물인 동시에, 빛나는 문체와 문학적 소양으로 써낸 주옥같은 수필 모음이기도 하다. 코칭이 기업경영, 조직운영뿐 아니라 일상생활에 두루 활용될 의사소통의 해결책을 찾아주는 비법이란 주장에 동의하며 일독을 권한다.
– 조정남 (주)SK텔레콤 고문, 부회장

경영자코치 허달이 푼 최종현사장학
천년 가는 기업 만들기

허달 지음 | 변형신국판 | 268쪽 | 2도 | 13,000원

SK그룹 최종현 회장의 천년 경영 비급

SKMS(SK Management System)는 SK그룹의 경영 철학이자 관리 체계이다. '최종현 사장학'이라고 할 수 있는 SKMS를 저자는 '일의 도(道)'라는 말로 표현한다. 경영 관리는 SKMS로 하되, 그 달성 수준에 있어서는 SUPEX(Super Excellent: 인간이 추구할 수 있는 최고의 수준)를 추구하는 것, 그것이 바로 지금의 SK그룹을 있게 한 원동력이다.

짧은 글에서 얻는 행복한 깨우침
힘내라, 얍!

남불 지음 | 변형 신국판 | 흑백 | 220쪽 | 11,000원

오만 가지 생각을 희망으로 이끌어 주는 짧고도 깊은 울림

BBS의 앵커 출신으로, 동기부여 강사로, 희망 전도사를 자처하는 저자는 "나에게 힘이 되는 일이라면 나는 뭐든지 할 수 있다!"고 말한다. 이 책에서 무수히 변주되는 그의 "할 수 있다."에는 깊은 울림이 있다. 삶의 아수라장을 헤치고 살아온 사람만이 가질 수 있는 진솔하고도 강인한 메시지로 독자들의 마음을 파고든다.

| 비움과소통에서 펴낸 책들 |

치과의사가 들려주는 선을 통한 인생경영
최우환 지음 | 국판 | 컬러 | 280쪽 | 14,000원

**참선·금강경 독송의 힘으로 풀어낸
더불어 행복한 성공전략!**

최우환 궁플란트치과 대표원장이 조석으로 《금강경》을 독송하고 좌선하며, 보살행을 실천한 힘을 바탕으로 바쁜 치과의사 생활을 하며 살아온 나름의 성공 노하우를 선(禪)적 관점에서 풀어냈다. 분주한 현대인들의 마음에 삶의 여유와 잔잔한 행복, 참된 성공에 대한 자신감이 스며들 수 있도록 실질적인 도움이 되도록 엮었다.

있는 그대로의 세상과 나를 본다
카메라로 명상하기
임민수 지음 | 148×200mm | 컬러 | 224쪽 | 14,000원

이 책은 '카메라'를 성찰의 도구로 활용, 다른 사람의 눈으로 중계된 것이 아니라 자신의 눈으로 있는 그대로의 세상과 나를 다시 보는 방법을 안내한다. 군더더기 없이 간결한 글과 함께 실린 명상 사진들이 독자들의 시선을 한동안 붙잡는다. 특정한 주제를 갖고 찍은 것이 아니라 일상에서 우연히 맞닥뜨린 순간을 포착한 사진들로, 카메라를 명상의 도구로 사용하려는 이들에게 구체적으로 어떻게 실현 가능한지를 보여주고 있다.

김영옥의 이야기가 있는 미술치료기법
만다라 미술치료 워크북
김영옥 지음 | 210*210mm | 칼라 | 264쪽 | 14,000원

**보고 그리기만 해도 치유를 일으키고 감정이 정화되는 책
드로잉회화에서 나온 만다라문양이 집중·몰입·명상으로 안내**

'마음자리 그림숲 힐링센터' 김영옥 원장은 5회의 만다라 개인전과 미술치료 임상경험을 바탕으로 '김영옥의 이야기가 있는 미술치료기법' – 《만다라 미술치료 워크북》을 펴냈다.

인생의 등불·삶의 지침이 되는 자기계발서
화날 때 5분 멘토 – 힐링백과사전
정윤규 지음 | 4*6판 | 흑백 | 384쪽 | 12,000원

자기계발서의 핵심주제들을 통찰·요약한 힐링백과사전!

한 권의 책으로 엮은 자기계발서라도 핵심주제는 한두 페이지로 압축이 가능하다. 이 책은 수십 권 이상의 힐링관련 자기계발서의 핵심주제들을 요약한 셈이다. 그렇다고 수박 겉핥기식으로 넘긴 것은 아니고 경험에서 오는 지식에 깊은 통찰의 눈으로 정리해서 독자는 새로운 느낌을 많이 발견할 수 있다. 인생의 등불로서 그리고 삶의 의미를 찾는 지침서로서 늘 곁에 둘만하다.

인권 없는 평화는 공허하다
원불교, 인권을 말하다
정상덕 · 김기남 공저 | 신국판 | 부분칼라 | 342쪽 | 14,000원

처처불상 사사불공處處佛像 事事佛供
우주만유는 한몸 한 기운이며 평등하다
원불교사회개벽교무단과 원불교인권위원회를 이끌어 온 정상덕 교무와 김기남 변호사가 오랫동안 현장에서 인권활동을 해 오며 키워온 종교와 인권의 관계성에 대한 물음에서 시작되었다. 나아가 원불교 교리에 대한 인권적 접근을 시도하고 인권이슈에 대한 원불교적 이해와 대안을 나름대로 정리하여 제시하였다.

'그대가 본래 부처'임을 설한 최고의 불경
묘법연화경
본각선교원 편역 | 신국판 | 흑백 | 672쪽 | 26,500원

본각선교원 · 정토사 불교대학 교재로 채택!
《묘법연화경》은 《화엄경》과 함께 한국불교사상의 확립에 가장 크게 영향을 끼쳤으며, 우리나라에서 가장 많이 읽히고 사경된 경전. 예로부터 모든 경전의 왕으로 인정받은 가장 중요한 대승경전이다. 한자(漢字)마다 일일이 한글 음을 달고 문장마다 토(吐)를 붙이고 번역까지 해서 독송용은 물론 간경(看經) 교재로도 적합하다.

참 내 뜻으로 만나 보는 내 마음의 진실
금강경
전강문인(田岡門人) 무진 역해 | 신국판 | 2도 | 324쪽 | 33,000원

늘 그대 것인 '이뭣고?'를 허공 난간에 걸어두니···
안산 고려선원(T. 031-408-0108) 무진(無盡) 선원장이 당대의 6대 선지식으로부터 인가(認可) 받은 전강(田岡, 1898~1975) 선사의 문인(門人)으로서 40여년 참선한 깨달음의 안목(眼目)을 바탕으로, 금강경을 핵심적인 참뜻의 흐름으로, 또는 육조혜능 선사의 돈오선(頓悟禪)의 뜻으로, 또는 구체적인 수행체험을 근거로 자상한 도움말을 주고 있다.

지옥이 텅 빌 때까지 성불하지 않으리
만화 지장경
정일 지음 | 188×255mm | 흑백 | 304쪽 | 12,800원

예로부터 효경으로 전해진 지장경은 부처님이 도리천에서 어머니 마야부인을 위해 설법한 대승경전이다. 갖가지 신통력으로 아수라, 지옥, 아귀, 육도중생을 제도하여 해탈하게 하려는 지장보살의 큰 서원을 말씀하신 경이다. 조계종의 대표적인 선사인 정일 스님은 생전에 〈지장경〉 독송을 통해 불심과 신심, 효심을 배양하고 이를 참선수행의 밑거름으로 삼도록 강조해 왔다.

| 비움과소통에서 펴낸 책들 |

일산 법상스님의 대비주 수행 예화편
내 생에 단 한번 뿐인, 오늘
일산법상 지음 | 46판 | 올칼라 | 200쪽 | 10,000원

"대비주를 수행하면 참나가 모습을 드러낸다"
대비주 전문 수행도량 일산 덕양선원장 법상스님이 다양한 연령층의 신도들에게 대비주를 가르치고 상담하면서 실제 경험한 수행일화를 기록하고, 이를 불교적으로 해설해 깨달음의 길로 나아가도록 이끄는 책. '광명의 깃발이자 신통의 보물창고[受持身是光明幢 受持心是神通藏]'로 불리우는 대비주를 통한 집중수행이 참된 행복을 불러오도록 일깨운다.

신묘장구대다라니경 강설
다라니 수행
일산법상 지음 | 신국판 | 컬러 | 344쪽 | 15,000원

첫 진언수행 지침서이자 '긍정의 힘' 사용설명서
〈신묘장구대다라니경〉을 해설하고 구체적인 수행법과 수행효과 등을 체험적으로 기록했다. 천수대비주 수행중에 '아공(我空)'을 체험한 덕양선원(cafe.daum.net/zeol) 선원장 일산(一山) 법상스님은 "대비주 수행으로 창조력, 삼매력, 자비심, 용맹심이 확연히 드러나기 때문에 본성의 무한한 잠재능력을 일깨울 수 있다"고 강조한다.

수지심시신통장受持心是神通藏
다라니의 힘
일산법상 지음 | 신국판 | 부분컬러 | 448쪽 | 15,000원

법상스님 수행일기 · 법문 담은 '마음의 힘' 사용설명서
덕양선원장 일산(一山) 법상스님이 당신의 수행일기와 법문을 통해 자성(自性)을 깨닫는 다라니수행의 길을 체험적으로 안내한다. 특히 '광명의 깃발이자 신통의 보물창고'로 불리우는 대비주를 통한 집중수행으로 불성의 무한능력을 일깨우는 불교적인 자기계발서이자 다라니 수행 안내서가 되도록 편집했다.

성현과 범부가 함께 닦는 원통圓通의 묘법
염불수행대전
주세규 회집 | 46배판 | 808쪽 | 38,000원

이 책은 '염불'에 관한 부처님과 보살님, 역대 고승, 거사님들의 말씀들을 모아서 해설하거나 주석(註釋)을 단, 무려 808쪽에 달하는 이른바 '벽돌책'이다. 방대한 주석에는 살며 사랑하고, 염불하며 깨달아가는 구도자들의 생활 속의 수행지침과 감동적인 예화, 역사적인 영험록이 가득하다.

염불선으로 푼 달마어록
달마는 서쪽에서 오지 않았다
덕산 역해 | 신국판 | 304쪽 | 13,000원

"덕산 화상이 실참을 통해 도달한 안목으로 언구에 구애받지 않고 종횡자재로 펼치는 자비법문은 천하 사람의 코를 꿰는 솜씨를 유감없이 보여주고 있다. 모든 참선학도는 덕산 화상이 고구정녕하게 일러주는 낙초지담(落草之談: 사바세계라는 풀밭에서 중생을 위해 자비로운 방편법문을 설함)을 듣고 조사관을 투득하는 금린(金鱗: 황금 잉어, 깨달은 자)이 되기를 바라노라." ―조계종 원로회의 의장 종산(宗山) 스님

수행성취의 열 가지 조건, 십바라밀
행복에 이르는 열 가지 습관
Sujin Boriharnwanaket/정명 역 | 368쪽 | 13,800원

괴로움이 소멸된 상태인 닙바나(열반)를 증득하려면 필요조건을 갖춰야 한다. 이 조건이 바로 십바라밀이다. 수행의 성취는 열심히만 한다고 되는 것이 아니라 바른 조건을 만나야만 이뤄진다. 그래서 구도자는 그 조건이 무엇이고 나의 수준은 어느 정도인지를 안 다음에 하나하나 이 조건들을 충족시켜 나가야 한다. 태국의 명상수행가인 Sujin Boriharnwanaket는 니까야 가운데 소부(小部)의 소송(小誦) 및 불소행장(佛所行藏)과 그 주석서를 근간으로 붓다의 수행법을 제시한다.

한국의 벽암록 '직지' 상권 선문답 해설
자유인의 길 직지심경
덕산 역해 | 신국판 | 흑백 | 320쪽 | 14,000원

《직지심경(直指心經)》은 고려시대의 고승 백운경한(白雲景閑, 1299~1374) 선사가 펴낸 공안(公案: 화두) 위주의 선문답 모음집으로 깨달음에 대한 선(禪)의 지침서다. 백운 선사가 편집한 《선문염송》 《치문경훈》의 내용과 과거 7불(佛)의 게송, 석가모니 부처님으로부터 법을 받으신 인도의 가섭존자로부터 28조 달마 스님까지의 게송이 들어 있고, 중국 110분 선사들의 선의 요체 등 여러 고승들의 법거량과 선문답, 일화가 들어있다. 청원 혜은사 주지 덕산 스님이 염불선의 깨달음 체험을 바탕으로 〈직지〉 상권을 알기 쉽게 풀이했다.

한국의 벽암록 '직지' 하권 선문답 해설
영원한 행복의 길 직지심경
덕산 역해 | 신국판 | 흑백 | 496쪽 | 19,500원

《직지》 하권에 등장하는 중국의 조사 90여 분의 깨달음의 노래와 선문답을 모아 해설한 책. 특히 그동안 금기시 되어왔던 선문답에 대한 해설을 통해 깨달음이 결코 먼 곳의 이야기가 아님을 실감토록 해, 참다운 발심으로 실참 수행의 길을 안내하는 길잡이 역할을 하고 있다.

| 비움과소통에서 펴낸 책들 |

무문관수행의 전설
석영당 제선선사
박부영 · 원철 · 김성우 | 신국판 · 양장 | 256쪽 | 15,000원

제선선사의 수행력은 추종을 불허하고 동서고금에 그 유례를 찾을 수 없을 정도로 극적이며 인간이 낼 수 있는 최대한의 정진력을 보여준다. 많은 공부인들에게 가장 큰 장애는 의심이다. 인간이 할 수 있을까, 과연 깨달음의 경지를 성취할 것인가, 가지 않은 길에 대한 두려움에 의심을 한다. 그 점에서 선사의 삶과 죽음의 경계를 넘어선 경지는 모든 수좌들에게 희망과 등불을 밝혀준다.

수습지관좌선법요(修習止觀坐禪法要) 강의
지관(止觀)수행
천태지의 저 · 송찬우 역해 | 신국판 | 흑백 | 456쪽 | 19,500원

지관(止觀)은 염불 · 좌선 · 위빠사나 등 대 · 소승 수행의 핵심
"삼계생사를 벗어나려면 따로의 길이 없고, 열반에 오르는 것도 지관수행 하나의 문이 있을 뿐이며, 모든 공덕까지도 원만하게 귀결하는 길이기도 하다." (본문 중에서)
최초로 발심한 사람이 수증(修證)하고 입도하는 가장 절실하고 중요한 지관법문을 총론적으로 밝힌 책. 천태지의(538~597) 대사가 짓고, 중앙승가대 송찬우 교수가 번역 · 강의했다.

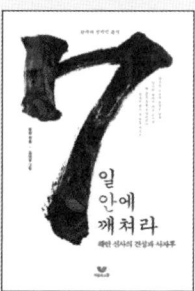

해안 선사의 견성과 사자후
7일 안에 깨쳐라
동명 엮음 | 신국판 | 컬러 | 250쪽 | 15,000원

이제는 '오늘 말고 이틀밖에 남지 않았구나' 하고 생각하니 마치 죽음이 경각에 있는 압박감에 사로잡혀 오직 은산철벽(銀山鐵壁) 화두에 매달리게 되었고 밤에 잠을 자노라면 꿈에도 생생하게 은산철벽을 뚫고 있었다. 시간이 어떻게 가고 오는지도 모르게 지나는데, 엿샛째 되는 날 저녁 공양시간이 되었던지 목탁소리가 나는데, 전에 없이 크게 들렸다. 이어서 바로 종소리가 들리고 선방에서는 방선죽비(放禪竹□)를 탁! 탁! 탁! 치는데 그 소리에 갑자기 전신이 서늘해지면서 무어라고 형언할 수 없는 환희의 세계가 전개되는 것을 맛보게 된 것이다. ─해안 대선사

묵산선사 반야심경 · 금강경 법문
허공을 부수어라
묵산스님 지음 | 신국판 | 흑백 | 272쪽 | 13,500원

"우주를 창조하고 삼라만상을 운전하는 그대가 공왕여래다"
92세의 조계종 원로 선사인 묵산스님(보림선원 조실)이 수행체험을 바탕으로 반야심경과 금강경을 한 권의 책에 동시에 강설했다. 스님은 반야(般若: 지혜)와 공(空)사상을 독창적인 혜안으로 해설하고 깨달음의 안목을 게송(선시)으로 드러내고 있다.

주시자, 관자재보살로 사는 법

1판 1쇄 펴낸 날 2013년 7월 25일

저자 동암스님
발행인 김재경
기획 김성우
디자인 김현민
마케팅 권태형
제작 보현PNP

펴낸곳 도서출판 비움과소통 서울시 영등포구 영등포동7가 29-126 포레비떼 7층 705호
전화 02-2632-8739
팩스 0505-115-2068
이메일 buddhapia5@daum.net
트위터 @kjk5555
페이스북 ID 김성우
홈페이지 http://blog.daum.net/kudoyukjung
카페(구도역정) http://cafe.daum.net/kudoyukjung
출판등록 2010년 6월 18일 제318-2010-000092호

명상사 강원도 동해시 지흥동 342 (033-521-1772, 010-7200-0943)

ⓒ 동암스님, 2013
ISBN 978-89-97188-37-6 03220

정가 12,000원

- 잘못된 책은 서점에서 바꾸어 드립니다.
- 이 책은 저작권법에 따라 보호받는 저작물이므로 무단전재와 복제를 금지하며,
  이 책 내용의 일부를 이용할 때도 반드시 지은이와 본 출판사의 서면동의를 받아야합니다.
- 불교 또는 동양고전, 자기계발, 경제경영 관련 원고를 모집합니다.